帝国的崩裂

细说五代十国史（上）

A Historical Journey through Five Dynasties and Ten Kingdoms

李奕定 著

天地出版社 | TIANDI PRESS

目录

上册

自序 001

开场白：透视五代的社会 008

大齐（公元878年—884年）

第一章 "承天、应运、启圣、睿文、宣武"皇帝：黄巢 023

  一、天变地变，人心如何不思变 023

  二、放下笔杆、端起枪杆的饥民领袖 024

  三、叩关 028

  四、入关 031

  五、撤退与败亡 033

  六、余波 034

后梁（公元907年—923年）

第二章 砀山大盗：梁太祖朱温 039

  一、权相崔胤的亮相 039

  二、"少阳院拘留所" 041

  三、朱、李两大军阀集团的火并 045

四、"大盗"朱温登台 …… 049

　　五、朱温的残酷 …… 054

　　六、朱温的无耻行径 …… 057

后唐（公元923年—936年）

第三章　李克用与李存勖 …… 065

　　一、一心归唐李克用 …… 065

　　二、上源驿的夜战 …… 067

　　三、李存勖抓住时机 …… 069

　　四、此唐非彼唐的后唐庄宗 …… 071

　　五、康延孝分析政局 …… 074

　　六、浑身是骨"王铁枪" …… 075

　　七、后梁末帝的末路 …… 076

　　八、推谢不得的皇冠 …… 078

第四章　李存勖的真面目 …… 080

　　一、"戏迷"李存勖 …… 080

　　二、宠任宦官 …… 084

　　三、让刘后收"红包" …… 086

　　四、颠顶急政 …… 088

　　五、讲究享受 …… 089

　　六、悲剧主角 …… 091

　　七、郭崇韬案 …… 093

　　八、被逼上梁山的李嗣源 …… 101

第五章　秦王李从荣与潞王李从珂 107
　　一、兄弟两人不相容 107
　　二、弃武就文 108
　　三、都想避"秦王之祸" 110
　　四、带兵侍疾 112
　　五、有自知之明的真正好天子 113
　　六、轮到李从珂了 115
　　七、阵前喊话：李从珂的"发明" 117
　　八、难得的王思同 120
　　九、"遇见了鬼，误以为是救星"的闵帝 121
　　十、做了皇帝后的伤脑筋问题 123
　　十一、才、财、暴兵 124

第六章　任圜、安重诲的循环斗杀 127
　　一、任圜是怎样垮掉的 127
　　二、猜忌成性的安重诲 132
　　三、安重诲硬是要斗李从珂 134
　　四、风水轮流转 137
　　五、无法避免的下场 138

后晋（公元936年—947年）

第七章　"儿皇帝"石敬瑭 143
　　一、李、石的互相猜忌 143
　　二、以做"儿皇帝"为荣的石敬瑭 145

三、汾曲之战 …… 147

　　四、"儿皇帝"登基 …… 149

　　五、晋安围寨的情况 …… 152

　　六、被耶律太后"上课"的赵德钧 …… 154

　　七、玄武楼悲剧 …… 156

　　八、"儿皇帝"的天生媚骨 …… 158

第八章　权势涨落的范延光与杨光远 …… 160

　　一、由"黑吃黑"到自戴皇冠 …… 160

　　二、暴兵拥主 …… 163

　　三、大老虎变小老鼠 …… 164

第九章　终究没有好下场的"儿孙王朝" …… 169

　　一、一个始终反对"儿外交政策"的人物 …… 169

　　二、"儿皇帝"谢幕，"孙皇帝"上场 …… 171

　　三、"横磨剑"政策 …… 175

　　四、榆林店遭遇战的小插曲 …… 176

　　五、阳城之捷 …… 178

　　六、和与战 …… 180

　　七、幸胜的不幸 …… 181

　　八、司令爱龙袍，将军爱气节 …… 186

　　九、孙男臣重贵，新妇李氏妾 …… 188

　　十、张彦泽的世界 …… 189

　　十一、清算"横磨剑" …… 191

　　十二、"蒙尘"的开路先锋 …… 193

十三、"打草谷运动" 197

十四、始终无法搞到皇冠的角色 200

后汉（公元 947 年—950 年）

第十章　终于捡到皇冠的人物 205

一、学骑墙 205

二、当"儿"的"荣宠" 207

三、贤妻李三娘 210

四、南下的骰子掷定了 211

五、由诟骂到吃臭鸡蛋的角色 213

六、节度使的循环公式 215

七、布下天罗地网 219

八、瓮中捉鳖 221

九、食人肝、人胆的"人兽" 224

十、见识与气量 226

后周（公元 951 年—960 年）

第十一章　黄袍披身的滥觞者：郭威 231

一、行愚蔽，轻毛锥 231

二、酒势令 233

三、不愿做"小朋友皇帝"的人物 234

四、郭崇威、曹威与郭威 237

五、赵村的短剧 240

六、胜利的即期支票 …… 242

　　七、李三娘 …… 244

　　八、黄袍加身 …… 246

　　九、宋州城楼会 …… 247

　　十、"黄袍加身"后的新政 …… 250

　　十一、不灵的镇星祠 …… 251

　　十二、儿皇帝第六 …… 253

第十二章　奋发踔厉、干劲冲天的年轻皇帝：后周世宗柴荣 …… 257

　　一、高平之役 …… 257

　　二、高锡的言论 …… 262

　　三、征淮南，收江北 …… 264

　　四、和平难求 …… 266

　　五、白甲军 …… 269

　　六、李将军与张将军 …… 271

　　七、铁骨铮铮的使节：孙晟 …… 272

　　八、捍卫寿州的刘仁赡 …… 274

　　九、双方的哀荣 …… 277

　　十、要回燕云十六州的第一人 …… 279

　　十一、小朝廷的琐事 …… 281

　　附录 …… 287

第十三章　河北天子刘守光 …… 289

　　一、父子鏖兵，兄弟连战 …… 289

　　二、浑身无半根骨头的"太保" …… 293

下册

前蜀（公元 891 年—925 年）

第十四章　前蜀：王建如何称帝 299
- 一、"且辞阿父来做贼"的养子 299
- 二、围城 302
- 三、攻取成都 303
- 四、王先成止"淘虏" 305
- 五、且宰阿父先戴帽 308
- 六、有小唐风 308

附录 311
- 王建逸事 311
- 韦庄逸事 312

第十五章　花花太岁：前蜀王宗衍 315
- 一、令王建苦恼的问题 315
- 二、大色狼王宗衍 317
- 三、领略"降王"的滋味 321
- 四、"一行"变"一家"的功德 322

附录 325

吴（公元 902 年—937 年）

第十六章　浩劫话扬州：由高骈的倒行逆施到杨行密的开国 …… 329

　　一、"白云先生"高骈 …… 329

　　二、左、右莫邪都 …… 333

　　三、须要麻烦"玄女力士"了 …… 338

　　四、尼师王奉仙 …… 341

　　五、打"牙祭"的本钱 …… 344

　　六、杨行密收复扬州 …… 347

　　七、抗梁 …… 349

　　八、灭田 …… 351

　　九、杨行密的过人之处 …… 355

南唐（公元 937 年—975 年）

第十七章　假父假子：徐温与徐知诰 …… 361

　　一、兵谏"大太保" …… 361

　　二、"临时导演"严可求 …… 365

　　三、养子徐知诰 …… 371

　　四、徐知训，不知训 …… 374

　　五、由当家到秉政的养子 …… 379

　　六、知子莫如父 …… 382

　　七、豪侠申渐高 …… 384

　　八、南唐开国 …… 389

楚（公元907年—951年）

第十八章　话说湖南的"马家天下" …… 395

　　一、三位归一体 …… 395

　　二、扩充地盘 …… 398

　　三、被"狼子"吃掉的高郁 …… 400

　　四、好吃鸡子的黄鼠狼 …… 404

　　五、"银枪都"都主 …… 406

　　六、"众驹争皂栈" …… 410

　　七、衡山王 …… 417

　　八、周行逢将军的"评语" …… 421

　　附录 …… 424

吴越（公元907年—978年）

第十九章　一心事大的英雄：钱镠 …… 429

　　一、后楼兵 …… 429

　　二、大越罗平国 …… 432

　　三、叛乱的结局 …… 438

　　四、"长者"顾全武 …… 440

　　五、武勇都之变 …… 442

　　六、传瓘与传球 …… 444

　　七、从千秋岭到选帝 …… 446

　　八、钱镠的逸事 …… 449

　　九、园丁陆仁章，友爱钱传瓘 …… 452

十、钱弘俶的友爱 454

附录 456

闽（公元 909 年—945 年）

第二十章 由屠户王绪说到王闽 461

一、军中王气毕竟在王家 461

二、烦老兄南下 465

三、"大罗仙主" 467

四、承受三项衣钵 472

五、大闽皇帝与大殷皇帝 476

六、皇帝爆出冷门 481

七、又爆出一个冷门皇帝 485

南汉（公元 917 年—971 年）

第二十一章 "宦官国"：南汉小朝廷 491

一、"水狱"发明家 491

二、"生地狱"发明家 494

三、宫人与宦官 496

南平（公元 924 年—963 年）

第二十二章 "高无赖"：南平小朝廷 501

一、"先辈"的话 501

二、四战之地与四面投机 504

三、"高无赖"...... 506

后蜀（公元 934 年—966 年）

第二十三章　合两川为一川的孟知祥...... 511

　　一、李严再入蜀...... 511

　　二、有种的姚洪...... 513

　　三、意外的奇兵...... 516

　　四、东川并入西川...... 518

　　五、君臣言归于好...... 520

　　六、"孟后主"——孟昶...... 522

契丹（公元 916 年—1125 年）

第二十四章　初尝侵略滋味的契丹...... 527

　　一、阿保机、述律后与韩延徽...... 527

　　二、因试火油而欲攻城...... 530

　　三、尝尝侵略的苦果...... 533

　　四、天皇王的选立...... 535

　　五、王都、王晏球...... 537

　　六、人心思汉，胡儿归汉...... 539

自序

历史究竟是个啥玩意儿呢？读史、治史、著史的，总不免会遇见这样"打破砂锅问到底"的"考题"。

罗马的大雄辩家西塞罗（Cicero）开门见山且一语中的，回答得最干净利落："历史不仅是真理之光，抑且是人生之师。"真理之光，多瑰丽的名词！人生之师，多响亮的口号！但是从实质上说，这种说法恐怕仍难免有着几分不着边际的茫然吧。正因如此，西班牙的大文豪塞万提斯（Cervantes）做了更进一步的解说：

"凡历史学家，都应该细密、忠实而无偏见，不至于为利欲、威武、偏爱、憎恶所动摇，而失去其忠实；盖原来忠实，就是历史的母亲，而历史就是时间的劲敌，就是丰功伟绩的储库，就是已往的见证、现在的楷模，未来的鉴戒。"

人——圆颅方趾的人卓然迥异于万物而贵为万物之灵的基本要素，是在于富有记忆力、模仿性与想象的推理力。记忆力把丰功伟绩的储库——历史的往事、遗迹巨细无遗地搬出来做证；模仿性则于时间与空间两方面摄取昔人的活泼、生动、英勇、豪雄的场面，使自己呆板、平淡无奇的生活充盈起来，自我地塑成现代的楷模；而想象的推理力则把受制于同时代的智识熏陶，浚发为新的智识——能创造、发现兼发明，如是辗转递增，也辗转蜕变，从而构成一种崭新的"业绩"——把社会推向前去的"业绩"！

此项"业绩"，在中华文化储量丰渥的宝库上，表现出既活泼、雄浑，又富泰、裕厚，有着无比的力量的，唯史学一科为尤然。

远自西周的周任、史佚、左史戎夫、尹吉甫、史籀、伯阳父……这类掌管档案的"史官"，直至孔子根据鲁史作账簿式的《春秋》(编年体)，国史已发达到居然要以私人的资格定出一种"义例"来，作为公理与罪愆之间取舍的标准，复经孟子的有意宣扬，于是中国历史被带上了"载道"的"教训"之路，成为一种可规范社会的"道德学"。

"自《春秋》之后，惟《史记》擅制作之规模"(郑樵《通志》)，这一点也不假，太史公司马迁原先"亦欲以究天人之际，通古今之变，成一家之言"而著作成书的——考其原始用意，似有心要建立一种"历史哲学"，借着史乘以阐明其原理。夫以太史公的文章技术的洗练灵巧，驭乎组织、熔铸力的高超，那是绝不难成功的。但是为了替李陵讲一句公道话，孰料竟碰上刘彻(汉武帝)的肝火特别炽旺，立即被下于蚕室，实行腐刑，使他悲愤得想自了残生，继而唯惜此书——《史记》未完成，遂忍辱偷生地竟其全功。只是，他的"大目标"遽做一百八十度的转变了，要"藏之名山，传之其人"。

"藏之名山",那是准可做到的;"传之其人",司马迁却并未说明是什么人。而"人"在往昔,单数与复数均可解,凡能了解其写作动机与过程的广大读者们——你、我、他、她以及有笔如椽的史家莫不是。盖中国的文学家,有哪一个不精心细读《史记》的,归有光甚至加批加点,当"文学宝库"诵读。独独司马光"别有心得",把这个"人"当作统治阶层的"人物"看。于是焉,他穷十九年之力,写成一部专供帝王阅读的"教科书"——《资治通鉴》,其事接续《左传》,上始战国,下终五代,此书既专供帝王之用,故举凡帝王所应有的历史常识和治人驭众的方法,靡不详加备列,有关得失成败时,总有耳提面命式的"臣光曰"断语;而凡不是帝王所须"治驭"的,一概摒弃从略,真是特别"到家",一个全心全意地倒入帝王怀抱的历史学家呼之欲出(作《续资治通鉴》的毕沅,也应列入此一行列看)。

但时代向前扬鞭,王朝业已"事如春梦了无痕",倘写史的仍要赓续"资治"下去,准成为被大众唾弃的"封建专家"。盖如今,人们所亟须的是"国民参政通鉴""人类治政通鉴"的作品。于是,使史乘上僵化的文字活化,俾有利、有益地成为人人必备的基本智识,似是史家值得尝试的工作之一。

史籍上有一微具启示性的例证。刘协(汉献帝)老是嫌恶《汉书》的繁博难读,遂特地央请荀悦加以删节,荀悦乃"列其年月,比其时事,撮要举凡,存其大体",撰成《汉纪》三十卷,使其能"省约易习"。夫以"天资天纵"、审智明敏的"标准龙种",东汉末期的人物犹无法念懂西汉初期的作品,而必须特请"皇家特约补习老师"荀悦来替其撮要、钩玄并删节,则何怪乎今日的人们,一睹"二十四史"的形影,鲜有不摇头叹息而去?

由是观之,为故史赋予新生命,使其活泼化、现代化、通俗化,又似是不妨一试的工作。

历史,确确实实地,百分之百地,该现代化了!

史学家鲁滨孙博士(J. H. Robinson)竭力提倡"新史学",他所倡导的观点如下:

(一)我们对社会欲有所贡献,必先明了现代之状况及"现代状况"之由来。

(二)研究历史,不但须究其"然",并应究其"所以然"!

(三)研究之士不可守旧,勿为旧文化所束缚,而应利用旧文化,以树改革之精神,用以改革。

现代社会,在消极方面,破坏旧史学的思想;在积极方面,建设新史学的方法,以综合社会科学之结果,而写过去人类生活之实况。

这种新的史学观,当为有志于此者提供一宝贵的参考。

是故,有志于写史的,宜使用当代的语体,把史事忠实平易地书写出来,使人人能心领神会、怡然自得。不然,假使作者皆"怯书今语,勇效昔言"(刘知几语),则势必只有准备做"坛盖子"(覆酰)之用,因为广大的读者不可能会欢迎必须翻阅《康熙字典》才能读懂的"新古董"。

就以《元史》与《周书》来说吧：

宋濂、王祎编修的《元史》虽猥杂鄙俚，大半是货真价实的官方文牍实录，与令狐德棻的"行文必《尚书》，出语皆《左传》"的《周书》比起来，哪一个是一无掩饰的庐山真面，哪一个是文人学究的矫揉造作，实不难一目了然而判其优劣。

作者不佞，写完《历史故事新述》（商务文库版）后，复贾其余勇续写下来，把五代十国那些压根儿连大字都识不到一篮子的草莽英雄的行径，写成英雄式的史话（把荒唐的"狗熊们"也一并列入，俾作一鲜明的对照，因为有的英雄的行径反不如"狗熊们"耍把戏的热闹、精彩、有趣），因事属试笔，书中未能"传神达意"的情节在所难免，尚祈各位读者朋友多多匡正、多多指教，兄弟先行志谢。

之所以续写五代十国，是因为在这个短短的五十余年中，已有足够让人触目惊心的事在上演。而最紧要的是，人们须晓得，"率兽食人"的事并不是发生在荒芜的草原上，而是发生在大理寺、宫廷，发生在那些长枪大刀的拥有者身上。

此外，我必须特别声明的是，此书有几点"迹近抄袭"之嫌：

一、袭用仓颉创造的文字，仓颉发明了这玩意儿，至今害得我除依样画葫芦外，殊无他法可循。

二、薛居正修《旧五代史》，欧阳修自撰《五代史记》（即《新五代史》），袁枢编辑《通鉴纪事本末》，三者都说有后梁、后唐、后晋、后汉、后周，更有前蜀、吴、吴越、楚、闽、南汉、北汉、荆南、后蜀、南唐等十国，我也只有这么说，有"后梁、后唐、后晋、后汉、后周及十国"。

三、自作聪明地"加油添酱"。

后唐庄宗李存勖"或时自傅粉墨，与优人共戏于庭"，我说他是标准"戏迷"；

方士吕用之骗杨行密："用之有银五万铤，埋于所居，克城之日，愿备麾下一醉之资。""一醉之资"，我擅改为"给兄弟们打打牙祭"；

耶律德光进入大梁后，和景延广清算"十万横磨剑"的账，史上说"延广初不服"，最后无法抵赖。我模拟现代语言进行行文。

以上是荦荦大端，犹以为未足，我擅自分段落、起小标题、加上新式标点，一切越出"历史的范畴"太远。

为什么我要这样不厌其烦地"排列罪状"呢？无外乎两点：

其一，自我清洗一通，顶顶合乎"卫生、自爱"之道；

其二，省得一些终年戴着有色眼镜的"洋场孽少"来挑眼——强不知以为知地挑眼。

此外，本书所用年表，系采用陈庆麒所编的《中国大事年表》。盖因我国向来以"干支"纪年，为期失之过短，要是未能精通"最小公倍数"算法的人，委实无法明了甲午、丁丑、丙寅究竟是第几甲子的哪一个年代，此在专家学者，犹引之为痛心疾首的"国史痼疾"，而非专家学者自然是"丈二和尚摸不着头脑"了。

"干支"之后,迨汉武帝创建"年号",原以为这样该好转了吧,但不幸得很,在他的统治时期(公元前140—公元前87年),汉王朝就一口气连换多次年号。"始作俑者"的先例既开,以后的"阿猫阿狗""大瘪三""小太保"的号称帝王者流,一旦"家有红白等事",都要"改元易朔"一番,连"年代"都被这类"莫名其妙"的人物开起玩笑来。于是乎,咱们虽"皇皇地"有着系年的年号,但从实质上看来,"有"何异于"无"。古人云"乱王年年改号,穷士日日更名",此话一点也不假。

因此,书中一律削去各个朝代的年号,概用公元纪年,有的王朝,譬如吴,唐朝早已被朱温篡灭了(公元907年),而吴仍继续"奉唐正朔",撇开"忠于故君"的印象不谈,真不知叫人如何算起!

本书的誊写、校阅,得力于一位始终不愿显露名字的徐君,他花费最大的精力与最多的时间,在溽暑里勤恳地帮忙,特此志谢。

1967年暑假序于屏鸦、屏蜂争鸣阁

开场白：
透视五代的社会

经济学家马尔萨斯（Thomas Robert Malthus，1766年—1834年）于1789年发表《人口论》，并指出人口的增长率总是大于物质的增长率，前者为等比级数，后者为等差级数。这条可怕的定律被引用到历史学范畴，用来说明中外各个朝代始终是乱多于治，即承平的时代永远无法与动乱的时代在时间上拉平。由此足以证实，原来承平时代的人口呈等比级数急剧递增，一旦达到饱和点后，为了争夺充饥的口粮，草莽英雄率领饥民、饥兵起而掠夺。"等比级数"递增而来的人口，在一批完全失去理智的人物"大开杀戒"下，成千上万地被抹掉；随着人口减少、时间流逝，历史慢慢地又把等差级数的砝码摆平，于是乎，天下步入太平。

这种偏颇的理论，原是不能成立的。然而回溯古今中外遭受急剧动乱的历史，有时候一些事实却反为此张目。兹以我国来证，我国历史上承平的时代自然不少——西周的成王、康王年间，西汉的文帝、景帝年间，东汉的明帝、章帝年间，南朝的宋元嘉年间、齐的永明年间，大唐的贞观、开元盛世，宋朝的太宗至仁宗之世，明朝的成祖至仁宗、宣宗之世，清朝的康、雍、乾盛世等，但动荡不定、杌陧难安，杀人如麻、积尸如山，人命不如蝼蚁的混乱时代亦多发。

当时局陷入动乱，这时朝局的变幻常常难以用常理来衡量，等比等差之说又从中作梗。就以唐朝来说吧，自唐开国至安史之乱，也不过一百三十七年，从历史角度来看，一百三十七年不能算长，但在动乱时便无法摆脱这一定律的纠缠而必须把砝码重新拉平，多心酸的悲剧呀！历史的无情律！

安史之乱后，治平的盛况转眼成为陈迹，潜伏于大时代内的那些腐化的群体纷纷自行出笼：

一、藩镇跋扈。悍将武夫，割据独立，形成开府开幕、窃号盗国、称帝称王的局面。

二、朋比为党。结派争斗，党同伐异，不顾是非，不择手段，是我党者虽非也是，非我党者虽是也非，讥诋倾轧，务期赶尽杀绝而后已。

三、宦官逞焰。操纵军权，干涉朝政，权倾内外，炙手可热，朝廷安危咸系于阉竖之手，"废立与屠宰"视同儿戏。陈宏志、刘克明、仇士良、刘季述等阉丑即是这等角色。

四、民变相踵连。公元859年发生裘甫起义；公元868年发生庞勋起义；公元878年发生黄巢起义；公元883年发生秦宗权之乱。在这半个世纪之中，中央朝廷政权旁落、社会制度解纽，缺乏维系人心、领导群伦的人物，给人们规划一幅理想的蓝图，更缺乏足以号召天下、消弭乱源的杰出政治领袖。于是焉，上述四大因素非唯未见止息，反而因骄兵悍将纵其生理本能，构煽助乱，文士学人卖身投靠，行径卑劣，无所不为，宦官阉丑操纵舞弊，局势越发不可收拾。

正统的中央朝廷宛如一座临时搭成的"草台戏"，尔虞我诈，你争我夺，我起你倒，粉墨登场者多有杀红了眼的强盗，经籍义理可以不讲，五伦可以不谈，六亲可以不认，什么三纲五常、四维八德，全部扔到茅坑里去！人人所认识的是金钱、名位、酒色，以及能满足一己生理需求或使心里惬意的物质享受，五代十国，如是而已！

朱温（汉人）、李存勖、石敬瑭、刘知远（三者全系沙陀族）、郭威（汉人）算是这台戏上挑大梁的主角。

一些远处边陲的藩镇豪强，觉得争夺正统的战争迹近于不择手段的强盗行径，于是有的愤而抗命以至于自行宣布独立，有的由于先天地理环境的优越条件、其力足与中央朝廷相抗衡也起而效尤，有的由于鞭长莫及、形禁势格也关起大门窃号自娱，有的由于狼奔豕突、苦心经营也起家发迹。凡此种种，皆是十国临时"草台戏"的起源。前蜀的王建，后蜀的孟知祥，北汉的刘崇，南汉的刘隐，荆南的高季兴，吴的杨行密，南唐的李昪，吴越的钱镠，楚的马殷，闽的王审知等全都眼睛红了半天，口涎流了多年，因而纷纷挂起国号的招牌，以满足其梦寐以求的愿望。

这些称孤道寡的角色，全是天赐良机、时势造英雄的果实，因此在他们苦心经营的建国期间，大抵还有一些草草的规模可观,迨乎下一代继承大统,他们与父辈的出身不同,因而早已蜕变为另一阶层——统治阶层。于是,在文风炽盛的环境之下,有的继承者嫌恶其祖先的椎鲁不文,鄙弃其规范不值一顾,一心一意地以诗人墨客的身份自我陶醉起来;有的继承者濡染于文化荒昧,多愚妄无知而崇尚迷信,大有恨不得倾其家私供方士炼丹吐纳,作为白日飞升的"上天梯"之用。

总之,五代十国开国开府、称孤道寡的角色大抵称得上"英雄本色",而其下一代,撇开李嗣源、柴荣、钱元瓘、高从诲等寥寥数人,其余的多是大瘪三、太保、流氓、盗匪、阿猫阿狗之类的货色。为求了解五代十国的人物概况及其行状,我在此举例说明,他们是如何在社会制度解体后,尽情地暴露其原形的:

一、不识之无。帝王将相多是文盲,也不想识字,没有办法书写自己的姓名。五代的君主,如李嗣源、李从珂、王建等人,其力足以举"千钧",却都无法搦起笔管来书写,与盛唐、东汉的帝王相比,简直不可同日而语。不过识字与否,殊无关于其智识之广博与治绩之良佳,这是必须声明的。

二、暴兵拥主,讨价还价。罗马帝国时代的皇帝多先由部队拥立,而后由元老院追认,五代也然。李嗣源、李从珂、石敬瑭、刘知远、郭威等姑且不谈,即使那些骄兵悍卒,无不天天在动脑筋,准备按级推升。邺都之变时,李嗣源奉李存勖之命前往讨乱,从马直军士张破败申诉一遍大道理后,即向李嗣源提出条件:"请主上(李存勖)在河南做皇帝,你在河北做天子！我们绝对无条件拥护你。"

渭州发生兵乱，杨光远挥军自白阜直驱滑州，士兵即欲推他为帝，此时，还未到反叛程度的杨光远道："皇帝是你们耍把戏的玩物吗？"

三、皇帝是个啥玩意儿呢？借用成德节度使安重荣的话，"天子宁有种耶？兵强马壮者为之尔"。这话直截了当，怪不得人人都想要试一试，人人都想过过瘾。

四、高度迷信。不论帝王将相还是骄兵悍卒，因其脑海中贮不住半点墨汁，椎鲁愚昧，不识之无，故无不迷信极深。

范延光梦蛇入腹，问术士张生，张信口开河道："蛇者，龙也，帝王之兆。"延光从此有"非常之志"，开始飘飘然起来。

安重荣曾挟弓矢谓左右曰："假如我能一箭射中（府廨幡）杆上的龙首，证明我一定有天命。"一发中的，从此开始骨头没有四两重！

杨光远反叛后，被围困数重，其子劝降，光远不允许，道："我从前在代北，尝以纸钱祭天地，都说我命该做皇帝，你们要耐心地等待。"

淮南节度使高骈对方士吕用之、张守一、诸葛欣等人偏听偏信，闹得广陵（扬州）从此兵连祸结，人民惨到"草根木实皆尽，以堇泥为饼食之"。

闽王王延钧好神仙之术，信任道士陈守元、徐彦林、盛韬，后来居然想"避位受道"，拟作"大罗仙主"去，其情况与高骈大同小异。

李从珂听信薛文遇的话，迁移石敬瑭的藩镇，逼得石敬瑭狗急跳墙。当时李发表移镇的理由是"术士说：'国家今年应得贤佐，出奇谋，以定天下。'大概就是薛文遇吧！"主意遂定。结局是李氏阖家登上玄武楼自焚，后唐亡。

董昌讲究谶语，听说有"兔子上金床"的话，于是搞了一个"大越罗平国"，做起"闭门天子"来，结果全家三百余口一起脑袋大搬家。

五、相臣无度量。任圜、安重海、史弘肇、杨邠、苏禹珪、张颢、徐温……他们虽贵为秉柄朝政、权操司衡的宰相，但其涵量之窄，褊衷之狭，居然像眼皮般连一粒小沙子都容纳不下，而且都借着鸡毛蒜皮的事闹得天翻地覆！

六、以未能当上"儿皇帝"为莫大遗憾。"儿皇帝"石敬瑭此例一开，赵德钧、赵延寿父子，范延光、杨光远、杜重威、刘知远、刘崇、刘钧……莫不奋力争取"儿皇帝"的"荣衔"，并以未能挨上一脚为终身奇耻大辱①。当青州之围时杨光远被李守贞搞得走投无路时，"第四号儿皇帝"竟大模大样地跪在城头，朝北向契丹遥遥地磕着响头，口中念念有词："皇帝呀！你误了我杨光远的大事啊！"一种懊丧兼愤恨的神情溢于言表，足见当时的"方面大员"既无廉耻之心，也无国家民族的观念，只是一心一意地伸长"狗头"，准备套上那顶似"狗枷"的"皇冠"而已。

---

① 笔者于书中均不惜浪费些篇幅，予以编成第一号、第二号，以至第 × 号的"儿皇帝"，庶几易于醒目。

七、官比贼凶。在五代十国的大混乱里，每一个战胜者入城后并不是急于出榜安民，相反总是"纵兵大掠"，大肆洗劫掳掠。当后汉隐帝刘承祐差人去杀郭威和邺都监军使王峻时，王峻立即向其部下开出"支票"："俟克京城，听旬日剽掠。"众皆踊跃，而一些胆子较大的市井无赖遂趁机而起，或做向导，或彼此合作，掳人妇女，杀人越货，几乎成为一项通行的"不成文法"。这没有别的理由可解释，上级有意鼓励他们这样干，算是变相"赏功酬劳"的一种手法，但无辜的人民却宛如煎熬于水深火热的地狱中，无时无地不准备着受劫受难。

八、贪污成风。五代的贪污风气，真是达到棺材里也伸出手来——死要钱的程度，如果没有财帛相贿，任何事也休想办成。没有金钱相赠就寸步难行，以号称开明之治的后唐明宗李嗣源来说，其手下人莫不个个有贿赂，贿赂搞垮了后唐的王朝，贿赂逼得高季兴宣布独立！贿赂的力量是通天、过海、入地，无所不能，无所不通！

而正因为贪风盛行，拍马屁的风气遂告炽盛。杭州人董昌，组织有特别进贡运输队五百人，可以"每旬发一纲，金万两，银五千铤，越绫万五千匹，他物称是"，不管雨雪风霜都按时运达京师，有的固然入皇家国库，但其他的官员也莫不染指！怪不得董昌"窃号去号"后，朝廷仍有人在继续替他说好话："董昌可能是得了精神分裂症，原谅他一次吧！"这不是贿赂的潜力在起作用又是什么呢？

九、"黑吃黑"。成德节度使董温琪以其聚敛搜刮来的民脂民膏，积成千千万万的家当，"老董"被契丹俘虏后，其管家秘琼把他全家宰掉后，实行"黑吃黑"。天雄节度使范延光想叛变，苦无本钱，也"黑吃黑"起来，乃令手下兵士化装成土匪杀了"临时富翁"秘琼，夺其"黑吃黑"的财产。后来，杨光远又动起"老范"的脑筋。董温琪贪墨得来的一笔污血钱，害死了多少人，害得人人露出了比野兽还凶的原形。

十、坏人出头。一些莫名其妙的人物、鸡鸣狗盗之辈或是贩夫走卒，均风云际会，趁时而起。像李彦韬这类货色，原不过是替人扦扦脚、捶捶背的混堂瘪三，但一经石敬瑭喜爱，他便发迹了，而且红得发紫，居然可以参加"升黜将相"的会议，并且有绝对决定权，他总是如此对人说："我不晓得朝廷设立'文官'，能派上啥用场？待我慢慢地把他们一个个地攒出去！"其他如淮南的吕用之、福建的盛韬，莫不是这路货色，吕用之尚且搞到建衙开府，中央朝廷封他为岭南东道节度使。这类节度使是个啥玩意儿？其嘴脸不难想象。

十一、枭獍①食母。社会上，不时有逆子殴母、逆子杀父的怪闻，这些大违道德的行为，总有起因可细加追究，断不是其来无由的。五代的社会可不然，官拜河阳行军司马的李彦珣，自做官那天起，从未向其父母供奉一文钱。后来，李彦珣因参加范延光的"独立运动"，被杨光远所讨。杨利用其老母来"阵前喊话"，孰料李彦珣看到自己的母亲后，拔出箭来就

---

① 即啃食父母的禽兽。

向她射去，李将军是"神箭手"，这一箭不偏不倚正中心脏，他的老母亲在城下抽搐了一阵子之后，只好到阎罗王那里去"按铃申诉"了！这是一个大将蓄意要其老母在他面前倒下去，与时下的逆子杀父杀母完全不同！后来事情平息后，石敬瑭还升他做坊州刺史，这是一种什么社会呀！

十二、养子风气炽盛。安史之乱后，藩镇跋扈。一向喜爱并重视武将的大唐有了"养子制度"，杨行密、徐知诰、李嗣源、李从珂等皆是如此。与此同时，为了表示宠爱番将，大唐还实行"赐姓主义"。沙陀人朱邪赤心由僖宗赐名为李国昌，黄巢麾下叛将朱温被赐名朱全忠。"养子制度"搞得家庭内结党立派、争权夺位，真假骨肉互相残杀。赐姓改名，把族谱搞得乱七八糟，完全进入了"四五花洞时代"①，使得爱讲究国姓、郡姓、侨姓、吴姓的"保粹家们"及抱台脚的朋友痛哭流涕。

十三、乱开政治"空头支票"。由当下的票据交易所开出的名单来看，开空头支票几乎是一项富有趣味性的"交子旅行运动"。至于政治支票呢？总该兑现才是，但颇有些人不知是否存心行欺使骗。在未争到此项"荣衔"时，声嘶力竭地生死以赴，务期达到目的而后止；一旦达到，便转瞬之间忘得一干二净。后唐末帝李从珂可不是这类人物，他决不食言而肥。当

---

① 四五花洞，原叫"五花洞"，是一出京剧丑角大戏。剧情是武大郎与潘金莲夫妇因年月不好，离家去寻找兄弟武松，半道上五毒精幻化为潘金莲、武大郎，四人一时真假难辨，上诉至包拯处，包拯请来张天师，方降伏众妖。两真两假（两对）演就叫"四五花洞"。

他在凤翔府时,他答应兵士到洛阳后,每人赏钱百缗,后来他果真打到了洛阳,然而国库却空空如也。李从珂苦恼了一大段时日,最后钱发了,但发得太少,军士们不满意,替他唱了一支颇有怨望的民谣:"除去菩萨(闵帝李从厚),扶立生铁。"

十四、民众的痛苦。在承平无事的时期,人民往往得在"常赋之外",听凭官府"加敛数倍"地压榨搜刮(参考董昌的特别进贡运输队)。在战争发生时,民众无外乎以下几种结局:

(一)被掠从军、为奴。壮丁多被拉夫、从军,黄巢复入淮河时,专行拉夫,以充实其部队。除此之外,还有王建掠人民为奴隶的"淘虏运动"。

(二)守城。吕用之被毕师铎围困于扬州时,大索城中壮丁,不管朝士或书生,都用白刃驱缚登城,叫他们分立于墙堞上,自早晨至日暮,不准休息。吕用之又害怕他们与城外暗通消息,所以常常变换站岗地点,家人要去送饭食,都无法晓得人到哪里去了!陈敬瑄守成都时,下令一户一丁,白天则掘壕作堑、采竹木,运土石;夜则登城巡逻,永无休息。

(三)刺字。刘仁恭救沧州,屡战屡败,乃下令境内:"男子十五岁以上七十岁以下,都要自备武器粮食到行营报到,如军发之后,仍有一人在闾里的,用刑,决不赦免。"什么刑呢?"文面",有的刺成"定霸都";有的"文臂""文腕",刺成"一心事主"。

(四)"洗城"。黄巢二度杀入长安后,愤愤于民众协助官军,乃纵兵屠杀,血流成川,叫作"洗城"。邺都之变时,李绍荣往讨失利，以快速文件向皇帝报告，李存勖大怒："收城之日，勿遗噍类！"由此可见，个个都是"洗城"能手。

（五）沉重的负担。李从珂到达洛阳后，令有司赶快搜刮民财，却只搜刮出六万缗。皇帝怒了，将民众统统抓来关在大狱，昼夜督责，囚系满狱，贫苦的人无法缴纳，多自动上吊或跳河自尽。而战胜的士兵遨游市肆，得意扬扬皆有骄色，市人咒骂："你们为王力战，立功不易，却使我们鞭胸杖背、抽筋剥骨，拿出钱来犒赏你们，你们还扬扬自得，你们是人吗？你们的良心长在哪里？"

（六）女子被强取。强取民间女子教歌教舞的，所在都有。就以后唐庄宗李存勖来说吧，伶人景进为其采择民间女子，远至太原幽镇，以充后宫，总共不下三千人，无论她们出身如何，统统载在牛车后面，累累盈路，嘤嘤啜泣，怨气冲天！

总而言之，在那个封建制度完全解纽，所有的糜烂腐化均告"出清存货"的大时代，不少人在外表上乍看起来衣冠楚楚，满有点儿人样，其实大半是畜生，尤其是那些在上位、握大权，可以决人生死、予人荣辱的大角色。相反，那些胼手胝足的耕耘者、蚩蚩的生产者，倒保持其原有的"工匠模样与精神"，半点儿也不走样，并充分地发挥出人性深处的优良品格。

这是一个"光明与黑暗、公忠与奸佞、黑与白、是与非、人与兽、贪墨与廉洁、正义与邪恶"争斗的时代，也即欧阳修说的"天地闭，贤人隐"的时代，凡能保存其精灵秀气而不堕人性、品德的，大抵是升华；凡为物质利欲熏心、麻痹、腐蚀的莫不沉沦！五代的历史虽然短暂，仅有五十三年（公元907年—960年），但已有足够触目惊心、可歌可泣的资料，供我们鉴戒！

此外，尚须阐明的一点是，十国之中，起于六国，终于六国。为醒目起见，兹胪列开来：

第一阶段。公元909年，闽国开国——已有吴、前蜀、后梁、楚、吴越等五国，一共六国。

第二阶段。公元926年，即后唐庄宗李存勖开国之末年（同光四年），前蜀亡，剩下吴、南汉、楚、吴越、闽、荆南等六国。

第三阶段。公元937年，即后晋高祖石敬瑭开国之初年（天福二年），吴亡，只有南汉、楚、吴越、闽、荆南、后蜀等六国。

第四阶段。公元945年，即后晋出帝石重贵在位之四年（开运二年），闽亡，为六国；至后周太祖郭威即位之元年（公元951年），又有北汉一国独立来递补；是年，楚亡，仍为六国。

自此之后，直至五代终极，"六国之局"未改，是故曰"起六国，终六国。"北宋建立后，宋太祖赵匡胤才把这个分崩离析、支离破碎的局面予以次第削平，中国才一步步地走向统一之路。

闲话已毕，"草台戏"开锣，且看英雄们（狗熊也跟着）上场。

大 齐

(公元878年—884年)

第一章

"承天、应运、启圣、睿文、宣武"皇帝：黄巢①

一、天变地变，人心如何不思变

古今中外，有一条放诸四海而皆准的定律——当旱魃与洪水相继而至，在上位的未能恫瘝在抱，非惟不加以体恤，反而任凭官吏去剥夺侵渔，那么在可预见的期间内，定然会发生动乱，因为在无以为生的情况下，只有铤而走险一途可循，"事有必至，理有固然"的道理正是如此。

安史之乱后，大唐帝国明显步入了苟延残喘的颓衰期。公元873年，李俨（即李儇）爬上九五之尊的宝座，是为僖宗。在他登基的前年，关东（指潼关以东）已发生旱灾，其严重的程度从很有远见的殿中侍御史卢攜的奏书可见一斑："……臣窃见关东去年旱灾，自虢至海，（整个山东半岛）麦才半收，秋稼几无，冬菜至少，贫者碾（磨碾）蓬实为面，蓄槐叶（树皮）为齑。或更衰羸，亦难采拾。常年不稔，则散之邻境（避

---

① 大齐政权不属五代，因五代乱世起自黄巢起义，所以本书以此起笔。——编者注

荒逃难）。今所在皆饥，无所依投，坐守乡闾，待尽沟壑。其蠲免余税，实为可征。而州县以有上供及三司钱，督趣甚急，动加捶挞，虽撤屋伐木，雇妻鬻子，止可供所由酒食之费，未得至于府库也……"面对这般严重的情况，僖宗该采取什么措施呢？依常理，当"发所在义仓，亟加赈给"才是。执政者在公文上漫不经心地画上一个"可"字，奈"有司"偏偏视若无睹而不执行何？硬是不加赈济。

朝廷上，初登大宝的李儇只有十四岁，年龄相当于现今的初中生，对政事自然不放在心上，玩游戏倒是他的本能和专职，事实上也颇难为他！那么，政务交给谁呢？大小全交给小马坊使田令孜，因田最摸得准李儇的脾胃，两个人要好得几乎同穿一条裤子（李儇居然叫他"阿爸"）。他们时常在一起搞"排排坐、吃果果、摸摸屁股"这些玩意儿，小马坊使最爱带李儇去"皇家杂技团"里共同玩乐，一旦小皇帝高兴起来，奖赏以万计，弄得府库空竭，怎么办呢？小皇帝没有钱用，小马坊使教唆他以借口没收长安市面上商店的物资，这样府库就易充实了，如有冥顽胆敢控告上诉的，立即交付"京都警务处"法办杖杀，于是大家就俯首帖耳、安分缄口了。

二、放下笔杆、端起枪杆的饥民领袖

朝廷的动态如此，地方的情况也一样，要来的风雨终于如期而至。不甘心坐以待毙的饥民在王仙芝的登高一呼下，数万人攻陷濮州和曹州；另一饥民领袖——冤句（今山东省菏泽市西南）人黄巢也聚众数千人起而响应。黄巢和王仙芝原是跑黑钱、贩卖私盐的盐枭，唯黄巢个性颇任侠、善骑射，也念过几年书，会写一些文章和诗歌，因为屡试不第，干脆就此放下笔杆，端起枪杆来。

朝廷至此才明白事态的严重性，于是立即令各路军马进讨。所得的结果总是民军战胜的机会多，朝廷败衄的次数多。公元875年整整一年间，王仙芝的势力是从沂（今山东省临沂市）到郑州、唐（今河南省唐河县）、邓（今河南省邓州市），迤逦到武汉、蕲州（今湖北省蕲春县）。既然进讨的办法失灵，剩下的唯有招抚，这是统治者手中两张交相使用的王牌。朝廷在谋臣的策划安排下，授予王仙芝左神策军押牙兼监察御史，一切的印绶、礼服等由专使送到蕲州。王仙芝满心欢喜地予以接受，但黄巢却连一个起码的官职也"没得"，这可惹得一心想做官的"冲天大将军"——黄巢的无名火燃旺了。可是，他最有力的论据是"当年，你我与弟兄们共立大誓，要横行天下，现在你独自向朝廷要了官职，请问我们（五千余人）到哪里去好"。话才了，黄巢一记左勾拳疾扫过去，王仙芝脑袋立行开花，在士兵的聒噪、叫嚣、喝倒彩之下，王仙芝还好意思再受命吗？从此黄、王二人正式决裂，分道扬镳，黄巢领了两千余人，去攻打郓州（今山东省郓城县）、沂州。

公元877年，王仙芝寇荆南，荆南节度使杨知温雅爱文学，全不知兵事为何物。谍报告诉他，王仙芝的部队马上扑来了，他还以为是开玩笑，一点也不加措意并予以设防。那时正值冬季，汉水浅狭，王的部队迅疾全渡，把罗城团团围住。将士们已在城墙上守卫，杨知温竟视若无睹，不加慰劳，后来在催促下迫不得已，他只得勉强应命出来巡视，却依然不肯着戎服，只是身着纱帽羊裘，惫懒地来到城上瞭望一通。当看到将士们在抵抗时，他的"诗瘾"大发特发，立即赋诗以示幕僚，此种"闲情逸致"实在让人不知所措！一座城市交给这么一个"诗迷"节度使掌管，其结局似乎早已注定。得胜后的王仙芝转掠江陵、攻申州，却在申州为曾元裕所败，复大败于黄梅被斩，其余部涣散。

王仙芝既死，此后就是黄巢的"世界"了！黄巢攻克亳州、濮州、商丘、开封、阳翟、叶县，转掠湖南。在中原兜了一个大圈子后，黄巢率军渡过长江，以破竹之势攻陷洪州（今江西省南昌市）、吉州（今江西省吉安市）、饶州（今江西省鄱阳县）、信州（今江西省上饶市），又引兵逆攻入浙东，为镇海节度使高骈所败，黄巢掉转马头，转而剽掠福建诸州。公元878年冬，黄巢攻入福州，翌年又径直扑向广南。当时朝廷怎样来对付这支飘忽不定、如入无人之境的农民军？唐王朝起用大将李晟的曾孙——泰宁军节度使李系为湖南观察使，带领精兵五万，屯于潭州—长沙一带，凭借五岭山脉作临时长城，意图堵住黄巢，不让他北上。

沿海大都市的繁荣，可能是黄巢走上"享受"道路的诱因。他托人要求朝廷拜他为天平军节度使，结果碰了一鼻子灰。朝廷偏不答应，黄巢仍不死心，上表要求做广州节度使、安南都护，看样子有长久安居的打算，但爱唱高调的人偏有一套大道理来拒绝这项近乎奢望的要求："广州市舶云集，是宝货洋钿的来源，怎么可以让'土匪'来做主管？"做不成广州节度使的黄巢，一怒之下立即攻下广州，逮住节度使李迢。黄巢强迫其代为草表，李迢倒蛮有骨气："吾腕可断，表不可为。"黄巢只好不客气地给他一刀。

黄巢的兵卒大抵是北方人，来到岭南后，他们普遍得了脚气病、风湿病，以及霍乱等传染病，因之死亡的占十分之三四。在人心惶惶、众意望归的催促下，黄巢不得已，只好复行北上徐图大事，乃逆西江而上，自桂林编造数十只大木筏，顺着湘江而下。湖南观察使李系婴城自守，不敢出战，巢众急攻，立告陷落，乘胜逼江陵，想直驱襄阳。在荆门，黄巢首次吃了大败仗。江西招讨使曹全晸和山南东道节度使刘巨容屯兵于荆南，二人合作拒敌。刘巨容先伏兵于森林内，全晸以轻骑迎战，假装败北而走，巢众追赶，伏兵一起，大破巢兵，直追到江陵，俘斩十之七八，黄巢收拾余众，渡江东走。有人劝刘巨容穷追，准可一鼓而扫清黄巢余党，刘巨容却不持这般乐观的看法，他的理由听起来冠冕堂皇："朝廷老是喜欢干对不起人的事，有了急难则赶快招抚将士，什么官爵都可封赏，一旦事变平靖，就把将士们当作破烂的草鞋、见捐的秋扇，没有事便不找你。所以还是留些余贼，让他们去作乱，作为咱们求富贵、猎功名的本钱吧！"

黄巢就是在如此"官场哲学"的"崭新理论"下顺流而东的。

三、叩关

不争的事实证明，黄巢的确正兴兵天下，如入无人之境。黄巢已攻克洪州、饶州及信州，又攻陷宣州（今安徽省宣城市），然后自采石（今安徽省马鞍山市区西南）渡天长（今安徽省天长市）、六合（今江苏省南京市六合区），乘胜长驱。在未复渡长江之前的信州（今江西省上饶市信州区）时，因士卒遭遇瘟疫，黄巢曾二次要求做节度使，接着（不等回信）他又不要了，率众渡过淮水，攻入中原，在蔡州（今河南省汝南县）拉壮丁，以补充兵额。到了这个时候，杀入东都洛阳，再直叩潼关的大门指日可待，他的兵团仿佛雪球般越滚越大，甚至达到六十万众。

当全国大局糜烂、民变四起之际，唐僖宗李儇已是十八岁的青年了。对于杌陧难安的政局，他是否会感到一些些的不安呢？嘿！一点也不，其好游戏的程度正在直线上升，加上旁边有小马坊使田令孜做了他嬉游的向导，真是"优游暇日"呢！史书说，李儇对于骑射、剑槊、法算，甚至音律、蒲博（譬如斗叶子、掷骰子等）无一不造诣精妙，尤其喜欢蹴鞠（蹋布制的球）、斗鸡和斗鹅。正因为有了"在上位的"大力提倡，当时的一只鹅的价格已暴涨到五十缗,李儇还很自负地对着"杂技团员"石野猪夸下海口:"假如举行全国性的'击球进士'比赛,我准赢得冠军,抢到状元。"

石野猪答得蛮幽默:"假如唐尧、虞舜两位先生是礼部侍郎的话,恐怕你免不了要遭受到'驱逐出境'的处分吧!"

李儇笑了笑,因为这是开开玩笑,认真不得的。皇帝要游戏、要开销、要犒赏,天下早已骚然,国库早已告乏,哪里来这么多钱?有人提议向富户及胡商借钱,僖宗就采纳了,对他本人有利的事,他没有理由拒绝,因为他手里握的是权和势。

黄巢在叩关了,长安天子怎么办呢?在田令孜的布置下,朝廷打出三张王牌,以张承范为兵马先锋使兼潼关制置使,王师会为制置关塞粮料使,赵珂为句当寨栅使,田令孜自任为左右神策军内外八镇及诸道兵马都指挥制置招讨等使,有了这样的诸道兵马都指挥制置招讨等使,世事不难窥见一二。

当时,在前方"抗黄"而败衄,收拾残军退保潼关的"前敌总指挥官"齐克让,有很哀切的奏文"……于关外置寨。将士屡经战斗,久乏资储,州县残破,人烟殆绝,东西南北不见王人,冻馁交逼,兵械刓弊,各思乡间,恐一旦溃去,乞早遣资粮及援军"云云。

责无旁贷的张承范,在接到命令后,立带两千八百名神策军前往应援。这些所谓的"神策军"是啥玩意儿呢?他们大抵都是用红包贿赂了宦官、篡改军籍的长安富家子弟,月月坐领很厚的俸禄,穿着华丽的军服,骑着雄壮的坐骑,颐指气使招摇过市。这些摆摆卖相的"纨绔子弟军",平时既无训练,也不知战阵为何事,而今听说要出阵战斗了,无不双股战栗、父子聚泣。不少人想要临阵脱逃,却害怕官府一旦认真起来会连累亲族。有钱的"好役人",花几个臭钱立即雇、买穷人和病患来顶替。

现在两支服色对照鲜明的防卫军驻扎在潼关上,服装艳丽、丰衣足食、从未训练的神策军,高踞于潼关的谯楼上;衣衫褴褛、粮食匮乏的饥兵,却屯于关外,这些饿兵还会有斗志吗?

大战一经揭幕,黄巢部全军高声喊杀,声震河岳,齐克让的饥兵喧噪烧营而溃,齐克让自行潜逃入关。潼关左边有一谷,平日禁人来往,专供征税之用,名为"禁坑"。溃兵自谷而入,谷中灌木老藤茂密如织,至此立被践踏为坦途。战胜的黄巢一方自然是快攻,神策军力拒不多时,弓矢用完了,只好扔石头。每一道关的关外总有"长堑",黄巢令民众千余人负土填平,须臾引兵而渡,入夜纵火,关楼俱化灰烬。事态发展至此,张承范只得化装快逃。主帅走了,兵也溃了,溃军刚逃到野狐泉,碰到奉天的两千援兵,身着清一色的华丽衣服,溃军们无不愤怒异常:"他们有啥功劳,有这么好的享受,而我们反要受苦受寒。"大家在饥寒与愤怒的交织下,立刻掉转枪口先行劫掠,做起黄巢的先锋部队来!

前方溃败的消息传来了,田令孜的讯息较为灵通,立即带了五百名神策自卫队,叫上僖宗李儇,带着福、穆、潭、寿四王及妃嫔数人，自金光门开溜，满朝文武此时全都不知道皇帝逃难去了，长安顿时陷入"无政府状态"。散兵游勇及地痞流氓，争先恐后地抢入府库去洗劫，街上尽是狼烟，谁的手里有了刀枪，谁就主宰了一切！

四、入关

黄巢来了，左金吾卫大将军（按：相当于卫戍司令）张直方率领文武百官在灞上（今陕西省西安市东）欢迎新主人。黄巢乘着肩舆，他的卫队一路吆喝着，威武地来了。他的部队大抵都披头散发，卫士都穿着红锦绣衣，紧紧地跟随着，车骑如流，辎重塞途，千里络绎不绝，民众夹道聚视，瞻仰新人物的新风采。

黄巢的"保安司令"尚让（王仙芝的另一"合伙人"尚君长之弟，仙芝败死，尚让率其众投巢）立出安民布告："黄王起兵，纯粹是为人民着想，不像李家的宝贝皇帝那样不喜欢你们，你们都要安分守己、安居乐业。"

公元881年，黄巢登基，称大齐皇帝。跟随黄巢进入长安的部队，初时见到贫穷的人民，尚能同情地施济些物资。可是后来呢？他们却开始大肆洗劫了！

黄巢进入长安后的第一件大事，就是大规模地严惩大唐宗室，然后着手准备登基。后来他于含元殿即位，画白纺绸为衮，擂击数百只战鼓，以代替金石之音，定国号大齐，建元金统,以妻曹氏为皇后。当年屡试不第的书生现今成了皇帝,这是黄巢做梦也想不到的。

有人在尚书省门墙上题诗嘲笑黄巢,负责治安的尚让(时已官拜太尉)看后大怒,把在尚书省的官员及门卒扫数抉目并倒悬,搜索长安城中能作诗的人并尽行屠杀,凡识字者,则罚以义务劳动。为了这一首嘲笑黄巢的诗,黄巢军大概杀了五千余人。

公元881年,朝廷打出两张相当响亮的王牌,以拓跋思恭屯武功,郑畋屯盩厔,主要目的在于遏阻黄巢的触须向泾水流域延伸,郑畋使朔方节度使唐弘夫伏兵于要害,在龙尾坡偷袭并大败尚让之众,乘胜反攻长安,黄巢只得匆匆率众东走。副都统程宗楚最先冲入长安,而唐弘夫则缓慢自延秋门攻入城。市民高兴极了,都自动欢呼而出,争迎官军,有的以瓦砾石块追击敌军,有的拾起地下遗箭供给官军。唐军表面上看起来声势很盛,但后路援军却迟迟不至。黄巢军侦知这一讯息后立即反扑,长安城内发生激烈巷战,唐弘夫战死,黄巢再度进入长安,这回他愤恨于民众协助官军,乃纵兵屠杀,血流成川,名为"洗城"。黄巢又是长安天子了,这回得另起一个拣尽了好字眼的尊号——承天应运启圣睿文宣武皇帝。多么吃力而冗长的皇帝名称呀!黄巢至此得到了相当的慰藉与满足。

大齐皇帝的左右手、悍将砀山大盗朱温,随黄巢进入长安后,黄巢把他安置在东渭桥,专扼大唐的东路援军。是时各路勤王的官军已四面而至,采包围之势,于是黄巢命令朱温攻打河中节度使王重荣,结果惨败。败后的朱温看出黄巢的前途尽被黑云掩盖,来日无多,一来命令不行,二来民众都逃入深山避乱,且筑栅寨组成民团自保,农事不必提。而长安城中,一斗米的价格是三十缗。骇人听闻的是有人专诱捕山栅的百姓,卖给黄巢兵作为粮食,并以肥瘦论价,一个人的价目是数百缗。

朱温曾数次请黄巢增兵以捍卫河中,全被左军使孟楷扣押不报,朱温十分苦恼。有人趁机向他游说一通,就在这一年的九月,朱温正式向王重荣投降并拜他做舅父。朝廷立即拜朱温为左金吾卫大将军、河中行营副招讨使,并赐名"全忠"。

五、撤退与败亡

大齐皇帝的败亡迹象已暴露无遗,而事态还在继续发展。

王重荣向朝廷提议,起用振武军节度使李国昌(沙陀人)的儿子李克用,令其带兵南下讨黄巢,朝廷果然就照办了。有"独眼龙"之称的"李鸦儿"(克用),立率一万七千名乌鸦骑兵(将士一律穿乌衣,故曰乌鸦军)攻华州,黄巢遣太尉尚让往救,结果大败。克用乘胜追至京师,黄巢军在渭桥抵抗,一连败了三次,于是黄巢只好撤退,向来败北者的情绪是懊恼的,黄巢在失去理智之下放起一把火,焚烧皇宫后东走。进入城中的各路军马洗劫暴掠,比贼更凶,他们一路抢掠,一路追杀,巢兵都把珠宝、银币扔在路上,官兵们各相拾抢,不再追了,黄巢才得安全东还。

东走后的黄巢立遣其先锋骁将孟楷扑攻蔡州,蔡州节度使秦宗权——为继承黄巢衣钵为乱五年的角色——起而应战，一败之后立向黄巢称臣。整补了两个月的黄巢，与秦宗权合力攻陈州（今河南省周口市淮阳区）。唐将赵犨力守，黄巢未能立行攻下，于是一面建营盘于陈州北面，造宫室，立百司，作持久之计；一面纵兵四出劫掠，河南的许、汝、唐、邓、郑、汴、濮等州无不受到烽火的荼毒。表面看起来，黄巢的声势似比以前更炽盛，实际上却是"回光返照"。

公元884年，追击黄巢的朱全忠等无力再战，向李克用求救，克用乃自陕渡河而东，会合各路军救陈州。黄巢围陈州三百日，至此只得撤围，并越过开封北归，然而大齐的太尉尚让却叛变投降朝廷了！变节的人物为了立功，开始率领乌鸦军追击黄巢军。瑕丘（今山东省济宁市兖州区东北）一战，巢众被杀殆尽，失败的黄巢逃到狼虎谷，其甥林言斩其首级及其兄弟妻子等，以便向感化节度使时溥赎罪求赏。不料，他们在路上遇到沙陀军，为了争功，林言的脑袋也一并被搬了下来，更增加了献功的质量。

六、余波

自黄巢起兵的875年至黄巢被斩首的884年，起义持续了十年，遍及淮河、长江、钱塘江、闽江、珠江各流域。十年来兵连祸结的后果是什么呢？洛阳名都白骨蔽野，荆棘弥望，遗民不满百户，完全变成一座"瓦堆子"，而荆南仅剩十余家而已。

黄巢是抱着"宁为一小时的光荣，而不愿一生一世无梦"的想法，成为农民起义领袖的。依理，史事至此该结束了，但是十年起义的余波还在荡漾。

黄巢有一侄子黄皓，于黄巢败亡后尚拥有部众七千余人。他继承黄巢的衣钵，正式干起江湖强盗的勾当来。他的部下号称"浪荡军"，声势显赫，居然谋据湖南，昭宗年间为湘阴人所杀。黄巢的嫡系人物至此被肃清，正式告一段落。

感化节度使时溥把黄巢的家人及姬妾献上去，这些原是叛属的家眷，放在"看守所"均可，但僖宗李儇偏要亲自问出个名堂来，下面就是皇上和"俘虏"的对答：

"你们都是名门望族的好女子，素来受到国家良好礼教的栽培，为什么会向巢贼投拜呢？"

排在最前面的一个女子，毫无惧色地抬起头来，说出她堂皇而有力的理由："狂贼是多么厉害！朝廷以百万之师尚无法守住京城，弄得皇上偷偷逃出长安，跑到四川去。请问皇上怎么会好意思来责问一个弱女子，你们为什么不拒贼，皇上为什么不问问那些高官厚禄的公侯将相，在临难时干了些什么对得起朝廷、对得起百姓的事？"

皇上一时语塞，默不作声地做了个表示"砍掉"的手势，把这批"附逆从贼的弱质女流"全部弃市。

后 梁

(公元 907 年—923 年)

第二章
砀山大盗：梁太祖朱温

一、权相崔胤的亮相

崔胤被任命为宰相！论官运，他真是平步青云。素称明达有大度的贤相王抟被他挤下台，以后的"世界"就是崔胤的，他在这个位置上一共坐了整整四年。

崔胤是个阴谋机诈的权臣，一来他摸准了李傑（僖宗李儇之弟，即位后改名李晔）的脾胃和心理，二来他看出当前最艰巨的任务是剿除宦官，但宦官不是轻易可惹的。宦官们已掌握军权多年，他们都以"枢密使"的名义，拥有强有力的武装部队可调派，阉丑宋道弼与景务修就是这路货色。怎么办呢？权谋百出的崔宰相既然承担了这项职务，自然也有他硬扎的后台老板。炙手可热的"大军阀"朱温（后来被赐名全忠）就是他的靠山，既然有了靠山，崔胤就有恃无恐地着手进行"铲阉运动"。

"一朝权在手，便把令来行"，崔胤在取得了李晔的默许后，六亲不认地把贤相王抟降为工部侍郎，降宋道弼为荆南监军、景务修为青州监军。在三者就道后，崔胤立刻贬王抟为溪州刺史，将宋道弼长期流放欢州（今广西壮族自治区合浦县），将景务修长期流放爱州（九真郡，在今越南），随即又改为一律赐死，王抟死于蓝田驿，宋道弼与景务修死于灞桥驿。王抟死得够可怜，一来出于崔胤嫉妒，二来算是给二位阉丑到幽冥去时做个"死伴"，白白地赔上了一条老命，时人多表哀惜！崔宰相的确有一套，这两手表现出他权倾天下的威势，令人侧目。正因如此，宦官们个个不再自安，终日惴惴。

惴惴难安的人物终究要采取适当行动以求保全，何况手里尚有一点武力的阉丑。如左军中尉刘季述、右军中尉王仲先、枢密使王彦范等人常常在一起筹谋自保的办法。此外，另一项促使宦官们迅速采取行动的原因是李晔逃过二次难，一次幸石门（今陕西省蓝田县西南），一次幸华州（今陕西省渭南市），有了这两次不太愉快的经历，他的心情与性格起了截然不同的变化，老是自干一坛，酒后大发皇帝老子脾气，完全像个"疯酒徒"，这就给了那些宦官们大做文章的机会。

"这样的皇帝老子，谁侍候得了，他偏爱听姓崔的话，你我恐怕都活不了吧。不如循着老例子把他废了，换个太子来做皇帝，大家不是有好日子过了吗？"有人这么提议着。

"崔胤也有他的后台老板呀！"

"不怕，咱们借重岐王李茂贞的部队作为后援，就可控制诸藩了。"

议案至此，全体无异议地通过。至于执行的时日，唯候"择吉"！

十一月，李晔于苑中行猎后回宫，又多灌了几杯黄汤，醉后夜归，手杀黄门侍女数人。第二天，李晔若无其事般整整睡了一天，连宫门都叫不开。刘季述认为时机到了，于是他亲自到宰相府向崔胤报告："宫中一定出了乱子，我是内臣，让我便宜行事！现在我要进去看个究竟！"于是他率领禁军千人破门而入，方才弄明白原来如此。刘季述再度回到相府向崔宰相说明，其理由更堂皇，调门也更高：

"皇帝老子的行为这么荒诞不经，怎么能叫他再治理天下呢？自古以来，'废去昏君，共定明主'是天经地义的事情，为国家前途着想，应不应这么做？崔宰相？"

崔宰相怕死，骤然失去了立场，不敢坚持到底，终于首肯。

刘季述一面立召百官，一面陈兵于殿庭，然后摸出预先做好的以崔胤为首的署名状："请太子李裕监国。"百官只得照签画押，人人齐向权势的淫威低头。

二、"少阳院拘留所"

昭宗李晔居于乞巧楼，刘季述、王仲先等先在宫门外埋伏下千余名将士，刘季述甫登殿，将士们大呼着突入宣化门，至思政殿前，遇到宫人就手起刀落。至此皇帝的酒也醒了大半，李晔先爬入床底下躲了半天，后觉得此地并不安妥，又爬出来想逃走，但是已经迟了！他被刘季述、王仲先等人像抓小鸡般地揪住，令他坐在一旁听候发落。

此时已有快报报与皇后，皇后立刻出来，刘季述即把崔胤及百官的奏状予以报告：

"皇帝厌倦大位，内外群请太子监国，并请皇帝到东宫去休养。"

李晔明白了，半开玩笑般说道："昨天不过跟你们干两盅，虽然有点过火，但情况不至于如此严重吧！"

"请你自己放明白点，这不是俺姓刘的意思，是宰相及百官的主意！"刘季述轻轻一推，推得干净利落，接着他转变了口吻，"现在不过是恭请您到东宫去休息几天，等到一切尘埃落定，会再送您回来的，尽管放心就是！"

"刘军容（季述的官职）说得是，就照刘军容吩咐的做吧！"皇后在刀光剑影下首先同意，并催促李晔起行，随即把大宝（玺印）交给刘季述。

小太监们扶着皇帝和皇后同车，宫嫔侍女十余人跟随着，在"临时押差"刘季述的监督下，一起到"少阳院拘留所"去。

少阳院到了，现在的李晔再也不是什么皇上，而是标准的囚徒。既是囚徒，哪怕官再大、名再响，总得听命于狱卒的，这是古今中外的成文法，李晔又焉能例外？只见临时的"看守长"——刘季述高声地宣布他的罪状：

"某日某时，为了某事，你不听我的话，第一条罪。"

"某日某时，为了某事，你不听我的话，第二条罪。"

"某日某时，为了某事……"

刘季述有耐性地把几十条罪状全部念完，亲自用大锁锁住门,再用大铁链扣住,派左军副使李师虔做"临时监狱长"带兵看守。里面有任何动静,都要逐日按时填表报告。

少阳院变成了临时监狱。监狱自然有监狱的设备和规章,大门既然下了锁链,只有临时派工凿一阴阳洞,以便递送饮食,举凡一针一线皆不许随便递送。李晔想要一些纸笔,不行,以免通风报信走漏消息;要一些草纸,不行;要一点零用钱,不行。这些全是无关痛痒的小事,最最紧要的莫过于无衣服可替换。时值隆冬,十一月在关内正是朔风初当令的时节,刘季述却连一床棉被都不许递进去。于是皇帝、皇后与宫女们冻得瑟瑟发抖、彻夜号叫,音调凄楚,达于户外。但有什么办法呢?

另一面,刘季述沐猴而冠,矫诏令太子李裕监国(易名缜),硬把李晔尊为太上皇,然后大封文武百官,所有参与这次事变的功臣,另有优赏。既有赏,必有罚,这是必然的道理,凡是站在李晔一边的宫人、左右、方士等,刘季述全部将其戮害,每个晚上准是大规模地杀。杀人最多的时候,早晨的载尸车须出动十辆来搬运。凡此种种,据说是为了"立威",最后鲜血淋漓的刀锋指着司天监(天文台台长)胡秀林的脖子,胡秀林却很坚定从容地反问:

"阁下幽禁了君父,还要多杀无辜吗?"

刘季述对这位贤人的正言有所顾忌,遂把血刀收入鞘。但杀红了眼睛的人不会善罢甘休,于是,刘季述掉转了刀口指着崔胤,但又顾虑到崔的后台老板朱温,遂先解去崔的诸道盐铁转运使职务。崔胤是何等人物，立即致书朱温。

刘季述自然也不甘落后，派养子到朱温那里去，面许将整个唐室江山送给朱温。朱温犹豫不决，特地召开一次幕僚会议，大家认定朱温要秉柄唐政，也不能从宦官手里得来。因为如果这样做，未免太不光荣！朱温至此才明白过来，刘季述这着棋总算失败了！刘季述的养子特使被朱温扣押！而刘季述的死敌崔胤却在秘密地进行"倒刘运动"。

话说，自宦官等囚禁帝、后于少阳院后，左神策指挥使孙德昭私下常怏愤难平，崔胤的探子常陪他一起吃喝玩乐。三杯酒下肚后，德昭总是痛哭流涕，探子乃把崔的意见说了，末后的结论是："倘能诛此二人（刘季述与王仲先），迎皇上复位，则一生富贵且忠义之名流传千古，要是迟疑不决，大功立为他人所得"。

孙德昭要崔胤的关防作为印信，探子乃把崔胤的"衣带书"给他，孙德昭遂召集周承诲、董彦弼等人在除夕晚上伏兵于安福门外。

公元901年春，即旧历正月，王仲先入朝，行至安福门时，孙德昭将其立加擒斩，飞驰少阳院，叩门大呼："逆贼已斩！请皇上出外劳军。"

惊破了胆子的李晔吓得慌作一团，老半天始终不敢回话。倒是皇后有胆略，答道："我们要看看物证！"德昭献上该逆竖的首级，李晔等才相信。破门而出后，崔胤迎李晔至长乐门楼，受百官朝贺，因为皇帝恢复自由了！在一片恭贺新禧的声音中，刘季述等已被周承诲解到，刚想开庭审问，性急的人已用乱棍把他们活活打死，宫廷立时成了刑场。"有罪当诛"，就是这般决定。于是李晔有令，灭四宦官之族，并诛其党二十余人。

昭宗李晔论功行赏，以孙德昭为同平章事，赐名李继昭；崔胤兼领三司诸使执掌大权；周承诲为岭南西道节度使，赐名李继诲；董彦弼为宁远节度使，也赐姓李。三位赐姓的人物，被时人称为"三使相"。

少阳院的悲剧至此终场，下一个节目是"大军阀"朱温与宦官们的火并。

三、朱、李两大军阀集团的火并

以铲除宦官为唯一职志的崔胤，说什么也不允许宦官存在，尤其典兵权的阉丑始终是肘腋大患，于是他想用外兵予以镇压。岐王李茂贞入朝时，崔胤要求其在京师留下三千兵马——名曰"充宿卫"。中书舍人韩偓很有远见，看出这又是"集团"的火并迹象，于是坚持崔胤的要求不可行，崔胤睁着眼睛说瞎话："是军队不愿开拔，不是留下的！"

"那是哪一个叫他进来的？"

崔胤语塞。

"留下了这支军队则家国两危，不留下，则家国两安！你一定要明白这个起码的道理！"韩偓像下注解似的如此断定。

崔胤还是把部队留了下来，他根本不会预料其后果。

有先见之明的前凤翔监军、宦官、枢密使韩全诲早就看出个中的苗头，趁李茂贞二次入奏时大肆拉拢，从而形成一个"李茂贞集团"。

双方终于在大局互不相容时开始火并！崔胤上书请尽诛宦官，不离皇帝左右的宦官立刻得知，他们每于进餐时涕泣俱下，做出永诀的表示。根据先下手者为强、后下手者遭殃的常理，韩全诲鼓动宫内的禁军对李晔鼓噪"崔胤克扣他们的冬衣"。李晔不得已，只得下令解去崔胤的职位。崔胤焉有不明白之理，立即致书朱温"……今不速来，必成罪人，岂惟功为他人所有，且见征讨矣……"那就是说，如果朱温不带兵入朝以挟天子，被李茂贞捷足先登，朱温则有可能被征讨。

朱温带着七万人立即从开封出动！韩全诲大惧，陈兵于殿前："朱温以大军逼京师，欲劫你到洛阳去，让你禅位，我们保护你，还是到凤翔府去吧！"

李晔不想逃难，仗剑登乞巧楼，全诲逼迫他下楼，才行到寿春殿已有人在御院纵火！皇帝不得已，与皇后、妃嫔和诸王等百余人，哭哭啼啼地上马西行，回顾宫禁中，火光熊熊，照红了半边天。

从此，昭宗李晔成了李茂贞和韩全诲掌上的工具。

朱温行至长安，崔宰相率领百官迎于长乐坡，朱温对百官称是奉了皇帝密诏而来，遂令其军径驱凤翔，一场战斗正式展开。盖一切唯有以胜败作为理论的曲直，朱温的最大目的和口号是"迎还车驾",李茂贞的口头禅是"勿误信语言,先行还镇"。两者打成了一种半死不活的僵持局面。

在两军对垒中,值得一提的是两个"软骨头"相臣的逸事,算作颇为难得的插曲。

李茂贞、韩全诲请皇帝李晔吃饭,酒酣耳热之际,李、韩都托词先走,剩下同平章事(副宰相)韦贻范,李晔故意打趣地问道:

"我为什么会逃难来到这里?"

"我素来在外边,不太清楚!"

"你不必隐讳,我明白你是靠'红包的力量'才弄到这个相位的!"

韦贻范的面皮虽老,总是不太好受,两手抖索着持杯承酒,把酒杯直撞到皇帝的下巴边去。这就是相臣的行径!

韦贻范的入相,完全是一种投资行为,他靠"红包的力量"才由韩全诲、李茂贞的一声"OK"而入相的。资本既投下了,必须收回才行,盖千做万做,蚀本生意不做,谁都明白这个浅显的道理,何况是韦贻范。于是,他鬻官卖职来收回他的老本,很多职位都被他编排好了!名单就快要公布了,而他的老娘偏不识趣地在这紧要关头去世了,韦宰相只好循着封建惯例回老家丁忧。然而以"红包"向他购买官爵的至亲好友却不答应,弄得韦贻范毫无办法,天天吵着要李茂贞及韩全诲让他早日复职。李、韩所受的压力,自然垂直地加在昭宗李晔的头上,李晔迫不得已,于是叫"秘书长"韩偓起草诏书让他复职。但没想到的是,韩偓不仅全身尽是骨头,而且胆识雄豪,偏偏予以峻拒:"腕可断,制不可草。"其最有力的理由是,韦贻范丁忧未数月,遽令复起,非但有伤国体,更属骇人听闻。

在学士院中,等不到"复职令"的二位中使火了,予以严厉警告:"学士勿以死为戏!"

韩偓解衣而寝,理都不理,李晔只得姑且听之!软骨虫韦贻范始终无法复职,后来李茂贞替他在邢州另外弄了个职位。

另一位机诈百出的"软骨动物"崔胤,从华州直奔到朱温的"前敌司令部"来向他泣诉:"恐怕李茂贞会劫昭宗到蜀地!宜及时加以防范,并及时抓回!"朱温笑了笑,在他的心目中,有一个没有一个天子,没有什么了不起。当天,朱温在"司令部"欢宴,不料崔宰相变成"酒女",不仅执壶向朱温敬酒,而且执着牙板为朱温高歌一曲呢!

在崔宰相的催促和鼓励下,朱温攻城并行了一次"间谍战",竟意外获得成功,其援军又刚好赶到,于是加紧围困。城外的朱军,每夜竞吹着惊心动魄的号角,城中人听后,宛如大地震,这是夜里的动态。白天两军则互相对骂,城下骂城上为"劫皇帝的强盗",城上骂城下的为"夺皇帝的强盗",双方全是强盗,一点也不假!皇帝是"肉票"!

这年遇上大风雪,城中的粮食将完了,冻毙与饿死的不计其数,有的刚倒下尚未死,人肉已被剐去应市!人肉一斤价一百钱,犬肉比较贵,一斤五百,人肉本不如狗肉!皇帝有时吃些猪、狗肉,有时食饼,有时吃粥,宫中(临时行宫)也饿死了不少人。

凤翔城外是围军，凤翔城内一无所有，形势的发展是这般冷酷无情。面对现实，在一次会议过后，李茂贞提议杀韩全诲等人以求和。结局自然是只有这样办，才算是上策，那位最有风骨的兵部侍郎韩偓就是带着韩全诲的首级前去求和的。不料，狡黠的朱温受表而不解围，李茂贞疑心是崔胤教他趁机夺取凤翔的地盘，遂逼李晔三赐朱书御札请其前来，崔胤竟称疾不至，多厉害的崔宰相！最后还是朱温的信有力量："吾不认识皇帝老子，需要你来辨明真货或假货。"崔胤这才姗姗来迟，昭宗李晔也从凤翔府释放出来，从此李晔落入朱温的手掌内！"囚犯"从姓李的"看守长"移交给姓朱的"看守长"！

四、"大盗"朱温登台

公元903年，逃难的昭宗李晔又回到长安城。以诛宦官为唯一职志的崔胤宰相，现下有了朱温在，其政策非贯彻到底不可，其"运动"非推行到底不可！崔胤、朱温对昭宗说：

"国初承平之时，宦官不典兵预政，天宝以来，宦官浸盛；贞元（德宗年号、公元785年—804年）之末，分羽林卫为左、右神策军以便卫从，始令宦官主之，以二千人为定制。自是参掌机密，夺百司权，上下弥缝，共为不法，大则构扇藩镇，倾危国家；小则卖官鬻狱，蠹害朝政。王室衰乱，职此之由，不翦其根，祸终不已。请悉罢诸司使，其事务尽归之省寺；诸道监军俱召还阙下。"

昭宗不得已，轻轻地点了一下头，宦官们的命运就此注定。当天，朱温召集大军，把以第五可范为首的七百余名宦官全集中于内侍省并集体屠杀，哀叫惨呼之声响彻内外。那些出使在外的太监们，概以诏令一律捕杀。仅余黄衣幼衰者三十余人，以备洒扫而已。

在我国历史上，宦官被大规模清扫，以这次最为彻底，堪与东汉末期司隶校尉袁绍带兵入宫将大大小小二千余名宦官屠杀比肩，是同样残忍的"血洗"。

李晔感到，自己虽饱尝了刘季述、韩全诲的肆毒，但第五可范等五百余人确是无辜，为了使良心稍为宽舒，他自行撰文以追祭，看来人性尚存！

现在大局既定，李晔必须论功行赏，崔胤为司空门下侍郎同平章事领三司使如故，朱温被赐号"回天再造竭忠守正功臣"，领诸道兵马副元帅，进爵为梁王。

李茂贞、韩全诲的集团垮了，朱、崔的集团遂炙手可热。崔胤恃朱温作靠山，从此专权恣睢，目中无人。凡李晔的一切行动，崔胤会一五一十地向朱温报告，一切的刑与赏全由他个人的爱憎来决定，人人侧目，中外慑服。

晋王李克用曾批评崔胤为相，有几句颇为中肯而预料得相当准确的话："胤为人臣，外倚贼势，内胁其君，既执朝政，又握兵权。权重则怨多，势侔则衅生，破家亡国，在眼中矣。"

其实，有了李、韩的集团在，朱、崔集团内部的基本利害关系仍可调和,一旦该集团被打倒,则朱、崔集团的内在矛盾,由潜生滋长到逐渐表面化,非斗个你死我活不可。

朱温安排监视李晔的人物后即行归镇——他的根据地大梁(今河南省开封市)。

天复三年(公元903年)十月,监视李晔的首号人物,宿卫都指挥使朱友伦在击球^①游戏中不慎坠马而死,朱温在悲痛之余,立即怀疑是机诈百出的崔胤存心暗杀,下令把当日一同做游戏的门客全部屠杀,随后以其侄朱友谅代典宿卫。

翌年春,朱温密令朱友谅带兵包围崔宰相府并击杀崔胤,机诈的人毕竟还是斗不过"有虎符在握,有貔貅在拥"的"砀山大盗"。朱温要昭宗迁都至洛阳,并促令百官随之东行,士民也不能例外。朱温的命令没有讨价还价的余地,只听到一路尽是夹杂着诅咒怨骂的号哭:"贼臣崔胤,叫朱大强盗来,颠覆了朝廷,害得我们有家无归处。"

在御营使张廷范的执行下,朱温的部下把长安的宫室、楼苑以及民间的庐舍尽行拆毁,然后把所有的材料全丢在黄河里让其顺流而下,昔日繁华的长安至此成了废墟。

李晔一行到达华州时,民众多出迎,其中有不少夹道欢呼的。李晔动了真感情:

"不要呼万岁,从此我不再是你们的主人了!"

在兴德馆,他对着侍臣道:"俗语说'纥干山头冻杀雀,

---

① 击球:我国古代一种在马上打球的运动。——编者注

何不飞去生处乐'。现今我又四处漂泊,不知要流落于何处了!"说罢便啜泣起来。左右都哀切地垂着头,没有一个能仰视的。

同年八月,朱温的枢密使蒋玄晖率兵百人夜叩皇帝的宫门,说是:"军前有急奏,欲面见皇帝。"

门开启了,河东夫人裴贞一看到兵,立问:"为什么要带兵来?"话还未说完,她的头颅已在地上打滚。

昭仪李渐荣临轩呼喊:"院使(蒋玄晖)莫伤官家,宁杀我辈。"是时,在醉乡中骤被惊醒的李晔穿着单衣绕柱而走,左右追上去,想一刀把他搠倒,李渐荣很勇敢地庇护着他,因而一并被杀。

蒋玄晖想了想,干脆一不做,二不休,把何皇后也干掉吧。皇后跪在地上哀求,才得免于一死。蒋乃矫诏称李渐荣、裴贞一弑逆。

两个手无缚鸡之力的纤弱女流,怎么可能"弑逆"呢?而且"弑逆"后,自己却横尸在李晔的身旁,蒋玄晖的掩饰实在不高明。不过这样也好,昭宗李晔终于结束了一生逃难的生涯。宫中人人恐惧,谁也不敢啼哭,好像事情从来没有发生过一样,在这种政治氛围中,十三岁的昭宣帝(李柷)即位。

当昭宗驾崩的消息传到朱温的耳朵里时,他满心欢喜,却不得不干号数声,以表示哀感。然后他顿足说:"奴才们对我不起,使我蒙受恶名于万代。"接着,朱温的心情就不大受用起来,他急于要求李柷禅让,狗腿子枢密使蒋玄晖、柳璨等人英勇负起此项"传禅"的任务。按照那一套文绉绉的如意算盘，他们先求加梁王朱温九锡，然后再求禅位，但大盗的性格是急躁的、要干就干的，他最充足的理由是："要是我不被加九锡的话，难道姓朱的就不做皇帝了吗？"另外又有两个嫉妒蒋、柳二人的狗腿子——王殷、赵殷衡抓住机会一面散播谣言，一面加以暗谮，说"蒋玄晖等天天在积善宫中夜宴，和太后焚香起誓，务期兴复唐祚"，耳朵素来柔软、猜忌心又极重的朱温一经采信，蒋玄晖等狗腿子被斩的命运也就决定了！

天祐四年（公元907年）三月，即位不久的唐哀帝被迫"有意禅让"，朱温遂正式跃上金祥殿，称起寡人来！这就是由大盗一路升到皇帝宝座的朱温，他也成了五代开国的第一朝人物，即后梁的太祖。

朱温做了皇帝，他的大哥朱全昱当着他的面问道："喂！弟弟，你配做皇帝吗？"朱全昱把他的底牌一翻到底。什么事都干得出的朱温为什么不配做皇帝，皇帝本来就跟大盗差不多！一据庙堂，一据江湖，从而生杀予夺，这从本质上看是完全一样的。朱温既做了皇帝，免不了要大肆庆祝一番，遂在皇宫设下欢宴。大哥朱全昱自然是欢宴上少不了的一员，三杯黄汤下肚，禀赋率真的朱全昱又有了新的行动，他把一玉杯摔到火盆中，斜睨着眼睛，对着朱温大声叱责："好啊！你本来是砀山的小老百姓，跟黄巢做盗匪，皇帝让你做到四镇的节度使，可以说是极尽人间富贵，为什么在一天里摧毁了大唐三百年的宗社，自己也要做起皇帝来，我看哪，马上就要灭族哩！做个屁皇帝！"

对着这位从小就敬畏的大哥，朱温无可奈何地只得下令散席。

五、朱温的残酷

古往今来，不论中外，一些有权有柄的枭雄人物，老是把人们当作草菅，生杀予夺由一己爱憎作标准，所爱光五族，所憎下地狱，全没有法律的准绳可循。在二十五史上，这类人物多得像过江之鲫，朱温当然也在其中！"杀"的目的，据说一是铲除异己，二是使人人怀着戒心，日夕生活在恐惧里，三是越杀越有名，"屠户"之名就是这样来的。朱温靠杀人起家，他有自己的一套"杀人律"，没有时间限制，也没有刑场的限制，随时随地都可杀，并认为少杀不如多杀，因为杀一既是杀，杀二杀三也是杀，杀百杀千杀万也不过是杀，因此他选择了后者，宁愿多杀。

其中罪有应得、死有余辜的如韩全诲之流自不用提，且看一些完全不相干的，朱温将其清一色地在"录鬼簿"上记下：

一、宦官第五可范等数百人，集体被屠杀于内侍省。

二、朱友伦因玩球坠马而死，诛杀同戏者十余人。

三、李晔宫中有击球供奉小儿共二百余人，随着昭宗东至洛阳，朱温请这些球员们吃完饭后，将其全部绞杀。

四、昭宗除生哀帝外，还有九个儿子，是已封王的李裕、李㞾、李禊、李禋、李祎、李祕、李祺、李禛、李祥，朱温令枢密使蒋玄晖邀请他们会餐于九曲池，酒酣之际，立行缢杀，并投尸于池中。

五、公元905年，天象有异，负责占卜的人说"君臣俱灾，宜诛杀以应之"。这种怪理论完全符合朱温的脾胃，夏六月，朱温集合裴枢、独孤损等人及朝中被贬官者三十余人于白马驿，一个夜晚将他们全部砍光，投尸于河！

六、安史之乱后，藩镇纷纷宣布独立。公元906年，魏博节度使田承嗣，特选骁勇之士一万人充作卫兵，名曰"牙军"，不论配给、服装、薪俸，均比别的部队加倍。从此，这些心腹父子相继，亲党胶固，随着岁月的增加，他们日益骄横，往往小不如意，就族诛旧帅，且随便更易。

天雄节度使罗绍威老想把这个"特别部队"消灭。于是，他与亲家翁朱温合谋，借其大军团予以扑灭。刚巧嫁给罗绍威做媳妇的朱温的女儿死了，朱温立刻抓住这个很难得的机会，遣马嗣勋实甲兵于橐中，选长直兵千人为担夫，说是要"会葬"，朱温自以大军随后。一切布置就绪后，罗绍威遣人潜入牙军的仓库折毁了弓矢胄甲。当晚，罗的数百名奴客与马嗣勋合击牙军，牙军欲战而弓甲已毁，合营全遭屠杀，牙军从此成了历史中的名词。

七、乾化二年（公元912年）二月，朱温要到西都洛阳去，从官们以朱温脾气古怪、诛戮无常为由，大多不愿意跟随。这一下朱温真火了，他的御驾已到达白马驿，赐从官们吃饭时，陆陆续续仍有人迟到,朱温派人去赶,左散骑常侍孙骘、右谏议大夫张衍、兵部郎中张俊等人慢吞吞地最后赶到,被朱温立命"扑杀"。

同年,朱温率悍将攻枣强(今河北省枣强县),不料该城小而坚,连攻数日始终无法攻下,死伤数以万计。与此同时,城中的矢石也将告罄,想投降,有一位士兵愿意前来梁军诈投,副招讨使李周彝亲自询问城中的设备。

"大概要再打半个月,才能攻下!"诈降的士兵说道。随后即请求给他一把剑,以备捷足先登,斩守城者的首级。李周彝颇为机警,不肯贸然答应,只允许派他做一名荷担的工役兵。不料这个工役兵就用扁担冷不防地袭击李周彝的脑袋,"老李"不支倒地,经左右救起,才得不死。

这则消息传到朱温的耳里后,朱温下令全力日夜进攻,城池终被攻破。

于是,朱温下令屠城,枣强的男女老幼被屠光,惨不忍睹。

八、朱温曾带着一批幕僚出游,游倦后坐在一株大柳树下休息,朱温开腔道:"这株大柳树可做车轮的大轴。"

摸清他特殊脾胃的人都默然不语,一些马屁客马上应和:"对的,可以做大轴!"

顿时,朱温的无名火冒得十丈高,厉声叱责道:"窝囊的书生,总是好顺口讨好别人,车轮的大轴必须用榆树来做,柳树怎么能做?"声口才毕,目顾周围跟随着的"职业杀手"道:"你们还待着干啥?"那些"职业杀手"立把那批马屁客全予扑杀。

九、其他诸如杀皇后，杀宫女阿秋、阿虔等，全无章法可循，而所谓法律规章，在朱温眼中全不及一张草纸！说杀就杀，说扑就扑，"干净利落"！朱温的残酷已如上述，此外尚有"附属"：

有一个落第的书生李振，最能摸清朱温的胃口，只要他一开口，朱温无不言听计从。他每次自开封至洛阳，朝廷中总有人要倒霉，以至于当时大家给他起个绰号——鸱枭。他的话句句被朱温付诸执行，不知他玩的是哪一门特殊的"心理学"！

朱家中还有一个比朱温更为嗜杀的人物——朱友宁，在此务必一提。

公元903年，朱温遣朱友宁攻博昌，前后打了一个多月，始终无法攻克。朱温大怒，遣援军刘捍前往督战，刘捍到达后，朱友宁别出心裁，令民丁十余万人，负木石，牵牛驴，直达城南筑土山。等到完工，朱友宁一声令下，连人带畜兼木石等一并推入壕沟之中，当作废料筑起来，一时之间，呼父喊母、寻兄找弟的冤号声闻十余里，朱友宁不管三七二十一，踩着十余万人与动物的尸体破城，并于城破后立行屠城。

这些也是圆颅方趾的角色，看来是连人的一点儿气味都不具备，倒是顶标准的一只"二脚兽"。

六、朱温的无耻行径

"江山易改，本性难移"，如以朱温作为此句俗语的例证，是再好也没有！其一，朱温以嗜杀成性起家，无论是做大盗、土匪时，还是做皇帝时，都脱不了一个杀字！

其二，他是一条标准的大色狼，只要是他看上眼的，几乎没有一个能逃过他的魔掌。靖难军节度使杨崇本的妻子颇具姿色，朱温就老实不客气地把她勾搭上，一旦玩腻了，就送回本夫！河阳节度使张全义的妻妾女儿全被大色狼染指过。大盗本来就是无耻之尤，以世俗的礼数去责备他也就失去了意义。

朱温的原配张氏，原是他在做大盗时抢来做压寨夫人的。张氏出身书香门第，知书达理，是贫贱时代的糟糠之妻。朱温无论是在心理上还是在行动上，老是怕她三分。等到张皇后殂谢后，被压抑了多年的大盗皇帝如黄河决堤一般开始纵欲，只要是他中意的，女儿、媳妇统统都行——老头子实行"爬灰主义"！所有的儿媳妇，大多被他"乱过"，五伦在朱温手里被砸得粉碎，完全不成体统。于是要发生的事终于来了，这正是循环的天理。

在朱温的几个儿子之中，朱友裕早死，算他运气；假子朱友文有一个美丽的妻子可供他随时召唤，所以朱温特别喜欢他；朱友珪是朱温跟亳州的一个娼妇养的，朱温最憎恨他，他的老婆虽也常被召唤，却无宠；朱友贞、朱友谦也不得朱温的喜欢（以上都爵封王位）。

"老头子"爱上了朱友文的老婆王氏，虽未明文表示立朱友文为太子，但因其老婆有宠，兼能撒娇献媚，故属意于他。

朱友珪感到太失望了，虽然他是娼妇之子，但是没想到在朱温眼里，真子反不如假子。作为纵情声色的人物，朱温因为纵欲太甚而行将就木，即命王氏作书召朱友文拟付予"后事"。因朱友文远在东都开封，朱友珪的老婆看在眼里，妒火大炽，立即告诉友珪："怎么办，老头儿已把传国宝付给王氏，带到东都去，我们恐怕死无葬身之地了！"夫妇一筹莫展地哭作一团，会动脑筋的乘机说道："事急则计生，为啥不早些打算呢？机会是千万不可失的呀。"

六月，朱温突贬朱友珪为莱州刺史，并差人催促他就道，依当时的不成文惯例，凡是降职的大抵是"道上赐死"。朱友珪虽糊涂，但事到如今，哪还有不明白的道理？朱友珪立行改换服装，潜入左龙虎军，会见统军韩勍，两者共谋，韩勍差"牙兵"五百人，跟从朱友珪杂在"控鹤军"（按：即禁宫侍卫军，此制为唐武后所创）中入伏于宫禁，至子夜，直驱寝殿，左右及侍疾者都奔散，朱温起立问道：

"哪一个造反的？"

"你想还有别人吗？老家伙！"朱友珪气势凌厉并很沉着地应声而答。

"我老早就疑心你，只恨没有早些把你干掉，以致落在你这'小土匪'手里。天地会容你吗？小畜生！"朱温把潜埋于内心的话和盘托出。

"老家伙！不必啰唆！看刀！"

一声未了，朱友珪的侍从副官冯廷谔猛用力把白刀子向"阿三"的肚皮捅去，因为用力过猛，一刀直捅到背后，大强盗朱温就此完蛋，而且完蛋在他和娼妇所生的儿子手里，真是罪有应得。朱温死后，朱友珪用一条老旧毛毡把他包好，就地挖坑掩埋。

朱友珪的手法，全来自其父的家传秘诀。他的第二步是"秘不发丧"，复矫诏命朱友贞杀朱友文，他的假诏说得像模像样：

"博王友文谋逆，遣兵突入殿中，赖郢王友珪（即他自己）忠孝，将兵诛之，保全朕躬。然疾因震惊，弥致危殆，宜令友珪权主军国之务。"

等到友文一死，朱友珪也就老实不客气地正式做起皇帝来。这是公元912年六月的大事记，朱温一共做了五个年头的皇帝。

做了皇帝的朱友珪，其荒淫与无耻不但继承了他老爸的那一套，而且还要"跨灶"些，招致内外一致怨愤。

朱友贞就此联络了一些旧臣宿将，主谋为驸马都尉赵岩，共同提倡并实行"倒珪运动"，凑巧朱友珪要征召部分龙骧军来戍守大梁，朱友贞乃乘机激怒："朱友珪因为怀州的屯兵叛变，想将你们骗到大梁去集体坑杀。"大家都很惶恐。朱友贞乃涕泣地改变声调："你们到洛阳能雪耻报仇，则自然转祸为福。"士兵们哪有不肯之理，随后即由袁象先领导着杀入宫中。朱友珪闻变，立率同张氏及冯廷谔直奔北垣楼下，将逾墙时，想想大概走也走不了，乃令冯廷谔先杀张氏，他再杀冯廷谔，然后自杀。

诸军像盗贼般在大梁府大肆洗劫，情况仿佛陷入十八层的修罗地狱中，这就是朱温父子的罪恶历史。

友贞旋即位，改名朱瑱，是为后梁末帝，荒怠政事。公元923年，李存勖的骑兵渡过黄河后，后梁也正式闭幕。

后 唐

(公元 923 年—936 年)

第三章
李克用与李存勖

一、一心归唐李克用

公元 878 年,唐僖宗发表振武节度使沙陀人李国昌(原名朱邪赤心)之子李克用为沙陀副兵马使,坐镇蔚州(今河北省蔚县)。

此时,河南各地盗贼蜂起,骄兵悍将都想抓住时代的柄端有所作为,此即所谓时势在创造大批英雄出笼以应世也。

一件毫不相干的事终于被"英雄们"紧紧抓牢,并好好加以利用。当时,代北各州发生饥荒,漕运的粮食不够赈济之用,而寒衣也不够,大同防御使段文楚还要扣减士兵的衣服与伙食,稍不如意即用重法,以致部众怨怼。

云州沙陀兵马使李尽忠与牙将康君立等,看到机会已在叩门,几经商议之后,康君立潜往蔚州,说服李克用起兵,清除段文楚并取而代之。李克用颇为持重地道:"这是一件大事,我须向俺老父禀明。"

"事机已泄露了,缓慢则生变,哪里有千里禀命行事的道理。"康君立说出随机应变的道理。

另一面,李尽忠已着手干了,他率领"牙兵"攻城,将段文楚等人拘禁于狱中,派人告诉李克用,李遂拥兵到云州。三天后,李克用把段文楚等五人械送到斗鸡台下,令被克扣的士兵们剐其肉啖食,然后令骑兵践踏其尸骸。

翌日,李克用入府视事,叫将士们替他表求朝廷的敕命,朝廷不许。李国昌看出事态严重,乞朝廷赶快发表"李克用为大同防御使,要是李克用再违命,则当率本道兵以讨之,终不因爱一子而有负国家"。李国昌说的可能是真话,朝廷答应了。

接着,朝廷耍了一套李代桃僵、明升暗降的把戏以对付李国昌父子,但李氏父子欲据两镇而偏不吃这一套,并杀监军而攻城。朝廷乃起各路军马并吐谷浑等,合讨李国昌父子于蔚州,李氏两镇俱战败。

公元880年,沙陀兵冲入雁门关,寇忻、代两州,然后有二万余沙陀兵直逼晋阳。

七月,李国昌父子败于朔州药儿岭,七千余人被杀,李尽忠等战死,李国昌败走阴山,依鞑靼。吐谷浑都督赫连铎私下贿赂鞑靼,使其取李国昌父子的首级来归。

李克用侦知这一可怕的暗流,乃与其将帅游猎时,将马鞭、树叶或悬针放在远处当靶子然后引弓试射,竟告中的,目的无非要他们明了他有百步穿杨的特技。又于共同饮酒时,克用借酒说明心志与行动:"我是得罪了大唐天子的人,即便欲表示效忠,也没有机会呀,听说黄巢挥军北上,必为中原大患,一旦朝廷赦免我的罪愆,当与诸位领袖驰驱中原,共立大功,人生能有几何?哪能老死于沙漠呢?"

公元881年,朝廷在王重荣等辈的献议下,召李克用平黄巢,克用带领步骑兵一万七千,直驱河中(今山西省永济市),其官职为忻、代二州留后兼雁门节度使。

这支生力军,投入中原的战场后,几乎所向无敌。黄巢被赶出关中,正是吃了这支武力的亏,连朱温都怕他三分。

二、上源驿的夜战

公元884年,李克用在周岌、时溥、朱温等东方将领的联名求救下,率兵直达开封并建营于城外。朱温特别客气,一定要客军的主帅入城,下榻于上源驿(贵宾招待所)。当晚,朱温摆下礼节甚俭的接风欢宴。不料,三杯黄汤下肚后的李克用竟使起气来,对朱温颇有些讥诮。朱温很不高兴,薄暮罢酒,跟从者多沾醉,朱温先以战车树栅阻塞通衢,然后发兵围上源驿并进攻,呼叫之声动天地。李克用始终酣醉不醒,其亲兵都奋拳格斗,侍卫郭景铢灭烛,扶李克用匿于床下,再用冷水洗其面,等到李克用稍微苏醒后,才告诉他事态已是如此,李克用张目援弓而起,实行奋战。当是时,烟火已四合,又逢大雷雨,天地晦暝,卫队扶克用率左右数人逾墙突围,乘着电光而行,登尉氏门,缒城而出。

事变当晚,先逃回的士兵向总部报告,李克用的妻子刘氏态度特别镇定，连忙召开紧急会议，不许轻举妄动，拟保全军西归。等到天明，克用安全归来，立欲勒兵攻朱温，很有见解的刘氏竭力反对道："你的名义是为国讨贼，东救诸侯之急，今虽遭到不测，应当诉之于朝廷才是，假如擅自拥兵攻打，那么请问天下人，谁能辨其是非曲直，而且朱温反而有理由可说了！"

李克用认为有道理，遂引兵西去，唯以书函责备朱温。

朱温复信说："事变之夕，我完全不晓得，是朝廷和杨彦洪密议，现彦洪既已伏其辜，一切唯有请求谅察。"

朱温的爱将杨彦洪确实是这次事变的主谋。当晚，他使出最大的力量去追杀。事前，他曾对朱温说："胡人事急时则乘马，咱们只要一看见乘马的就射杀。"在一片黑暗中，杨彦洪跃马前驰，朱温未搞清楚，猛给他一箭，杨彦洪翻身落马，完蛋了！这就是其复函中所说的"已伏其辜"。

李克用回到晋阳（今山西省太原市），上表给朝廷自陈："有破黄巢大功，为朱全忠所图，仅能自免，将佐已下从行者三百余人，并牌印皆没不返。全忠仍榜东都、陕、孟，云臣已死，行营兵溃，令所在邀遮屠翦，勿令漏失，将士皆号泣冤诉，请复仇雠，臣以朝廷至公，当俟诏命，拊循抑止，复归本道。乞遣使按问，发兵诛讨，臣遣弟克勤将万骑在河中俟命。"李克用前后凡八次上表，朝廷以黄巢初平，力务姑息，但遣中使宦官优诏和解而已。

从此，朱、李军团遂成为势不两立的两大集团，对峙在黄河边，以后一连串的朱、李之战就以此段为序幕。

朱温盘踞中原，政治、经济、军事、人才等方面均较李克用占优势，李氏集团索闾阎，定闾架（税），增曲蘗（酒专卖），检田券（田租赋），仍然财政拮据，帑藏空虚，诸军中良善的卖马以自给，不然只有侵暴良民。故有一大段时期，是朱渡过黄河以攻，而李守。势蹙力弱的李克用老想要朝廷主持正义与公道，但正义与公道在承平的时代才可以讲讲，动乱之世哪有这一套？故朝廷始终不理，其实纵有心去理，也无从理起，李最恳切的言辞是：

"臣父子三代，受恩四朝，破庞勋，翦黄巢，黜襄王，存易定，致陛下今日冠通天之冠，佩白玉之玺，未必非臣之力也……且朝廷当阽危之时，则誉臣为韩、彭、伊、吕；及既安之后，则骂臣为戎、羯、胡、夷。"

所说的全是事实，但有什么用呢？军政大权全落在"大军阀"朱温的手里，说了还不等于白说。

三、李存勖抓住时机

李克用既为朱温所困，封疆日蹙，忧形于色，其子李存勖安慰他："物不极则不反，恶不极则不亡。朱氏恃其诈力，穷凶极暴，吞灭四邻，人怨神怒。今又攻逼乘舆，窥觎神器，此其极也，殆将毙矣！吾家世袭忠贞，势穷力屈，无所愧心。大人当遵养时晦以待其衰，奈何轻为沮丧，使群下失望乎！"

从不平凡而有政治见解的言论中，就可看出李存勖不是普通的人物。此其一。

刘守光在幽州乱搞一通，被周德威俘虏后，李克用的政治转机来了，他灭掉了大燕国，发展态势从此兴盛起来。因为黄土高原现在有了海河平原的经济可调剂了！而经济财源的力量原是军事力量的基础。

当朱温包围沧州时，城内已到"丸土而食"或"互相掠啖"的地步了。刘仁恭、刘守文向李克用求救，李以刘为人反复无常，不想出兵。李存勖劝道："今幽、沧两州，为朱温所困，我如不与之拼力拒敌，对我们是很不利的，为天下干大事的人当不顾小怨，刘虽曾围困我们，但我们能救其急，这是一种功德，故一举而名实全归，这是予我们复兴的时机，怎么可以随便丧失？"

李克用毅然听从，这是李存勖的过人之处，此其二。

公元908年（即朱温称帝的第二年），晋王李克用头上生疽，病笃，他自知"大限"将到，吩咐内外以李存勖为嗣，曰："此子志气远大，必能成吾大事，希望大家教导他。"

李克用对存勖道："潞州之围未解，李嗣昭尚在重围中，一俟葬毕后，应和周德威等竭力解救。"李克用把顶重要的事吩咐后，才撒手西归。

李克用死后，军中将士多欲谒见新首领，存勖正忙于哀哭，久久未出，监军张承业入内，对他道："大孝在不坠基，多哭有什么用？"扶他出来袭位，是为河东节度使，爵列晋王，即后来后唐开国的唐庄宗。

四、此唐非彼唐的后唐庄宗

当是时，握重兵在外的是周德威，大家都怀疑他对新首领会不服，李存勖特召德威带兵回都。德威到晋阳，留兵于城外，独自徒步入城，先伏于先王李克用之灵柩前，恸哭极哀，然后才退而晋谒新王，礼数甚恭，众人由是释然。

接着，第一件大事是谋解潞州之围。这时，朱温的名将李思安在潞州城下，更筑重城，内防城内突围，外拒援兵来救——名曰夹寨。李存勖派丁会为都招讨使，率周德威自晋阳出发，李存勖亲率兵伏于三垂冈（今山西省长治市潞城区西）下，乘着大迷雾进攻，部队直抵夹寨。梁军无斥候，想不到晋兵会突然杀到，将士多在睡梦中。军中惊扰，晋师填坑烧寨，鼓噪而进，梁兵大溃，死亡将士数以万计。

潞州之围遂解，周德威呼李嗣昭开城迎接。李嗣昭不信，以为是被梁军所俘，用来诈城（按：李嗣昭与周德威素有嫌隙），欲射之，经左右劝止，嗣昭道："如晋王真的亲自来了，能够见一面吗？"后至的李存勖乃亲自前往叫城，李嗣昭看到存勖穿着孝服，大恸，遂开城。李嗣昭治潞城，颇有政绩，劝课农桑，宽租缓刑，数年之间，潞城重归繁盛。

这场硬仗打下来，晋势益盛，后梁是注定要不行了！

第二件大事是公元910年的镇州之役。镇州原是王镕坐镇的根据地，朱温袭击他，镕遣使求救于晋，奉李存勖为盟主，合兵攻梁。李存勖自为将，率兵东下，翌年三月，至柏乡（今河北省柏乡县）两军会战，梁兵大败，精锐损失殆尽。

翌年，朱温亲自带兵援救刘守光，中途为晋兵所袭，兵士哗溃，遗弃资械无数，是为幽州之役，本来幽燕两州是后梁的外围，现反成为晋的奥援了，后梁的前途已极为暗淡。

就在这年，朱友珪宰了他的老头子朱温。

后梁末帝朱友贞（即朱瑱）即位，他和李存勖还有三场硬仗要打。

（一）莘城之役

天雄节度使杨师厚，麾下多宿卫劲兵，诸镇之师，咸得调发，威势积重。后梁末帝朱瑱深为猜忌，于是趁着师厚之死，把天雄分成两镇，天雄军不从而乱，其军校张彦胁逼新节度使以书求援于晋，这何异于把机会递到李存勖手里？李存勖当然绝无轻易放弃之理，乃引兵东下，先杀张彦以谢魏人，并劳军于魏县。

梁将刘鄩，素有"一步百计"之称，以为晋兵都在魏县，晋阳一定空虚，拟往偷袭。军行已二日，被晋将李嗣恩看出苗头，兼程先入晋阳，预策守备，鄩军败，走莘县（今山东省莘县）又为晋所败，后复谋袭魏州，又败；退保滑州，以后就须开掘滑州的黄河，来阻挡唐兵的马足。

(二) 胡柳陂与夹寨之役

李存勖大会师于魏州，征白丁三万从军，是专造营栅的"工兵团"，所至之处营栅立成。至胡柳陂，闻梁师自后而至，老将周德威道："贼倍道而来，未有所舍，我营栅已固，守备有余，既深入敌境，动须万全，不可轻发。此去大梁至近，梁兵各念其家，内怀愤激，不以方略制之，恐难得志。王宜按兵勿战，德威请以骑兵扰之，使彼不得休息，至暮营垒未立，樵爨未具，乘其疲乏，可一举灭也。"

李存勖的理由是"前在河上恨不见贼，今贼至不击，尚复何待？"王与将帅的战略有所不同，而战斗已开。

这一场硬仗冲荡击斩，往返达十余里，弄得幽州兵也乱，自相蹈藉，周德威控制不住，父子皆战死于胡柳陂。梁兵四集，李存勖败了，但在败劫中，尚能镇定地据守高丘，以收集散兵，再加上李嗣昭、王建及等将力战，果然反败为胜，大破梁师。

李存审筑德胜南北两城，夹河而守，号为"夹寨"（是晋的夹寨非梁的夹寨）。梁将贺瑰，百道俱进，以竹笮联艨艟十余艘，外面蒙以牛皮，设睥睨、战格，一如城堞的样子，横于河流，以截击晋的救兵，使不得南渡。李存勖自提救兵往救，列阵于北岸，终无法得进。亲将李建及请以死决之，乃选效节敢死士，得三百人，被铠操斧，由李领导，乘舟而进。将至艨艟，流矢雨集，李建及指挥操斧的勇士冲入艨艟间，砍断竹笮，又以木载薪，浇油点火，随以巨舰实甲士，鼓噪攻之。艨艟既断，随流而下，梁兵溺死殆半，晋兵得渡，夹寨之围解。

（三）郓州之役

夹寨既胜，李存勖遣其将李嗣源，率精兵五千自德胜直驱郓州，北及杨刘（地名）夜渡河至城下，李从珂先登，城克。后梁末帝朱瑱得悉后，大惊。谋士敬翔知梁室已濒危，在靴内藏着绳子，上殿对朱瑱说：

"先帝（朱温）取天下，不以我为不肖，所有的筹谋无不采用。今敌势更强，而陛下弃忽我的意见，臣身已无用了，不如死吧！"拉起绳子来，想表演自杀。朱瑱慌忙加以阻止："你想要说些什么呢，老先生？"

"大局已万分紧急了！非起用王彦章为大将不可！"

梁朝的最后一张"王牌"是在这种情况下打出来的。王彦章挂帅三日，即拔德胜南城，并收复附近各寨，声势复大振。但朝廷有人——赵、张兄弟，段凝等嫉妒他，每有捷报，赵张全归之于段凝，王彦章无功，朱瑱信谗。不但如此，朱瑱怕其功成之后难于制驭，遂征其还大梁休息。于是剩下的唯一保境办法就是开掘滑州的黄河，靠滔天的大水，来阻挡唐兵的马足。

五、康延孝分析政局

王彦章二度出山，屯兖郓之境，谋取郓州，一个名为康延孝的将领却变节投降了！李存勖亲自询问梁的形势，康延孝说得客观而有理：

"梁朝地不为狭，兵虽不少，但细细地研究其行事，终必败亡。为什么？最上层太暗懦，赵、张兄弟擅权，内结宫掖，外纳货赂，官之大或小，全看'红包'的多少来决定，不择才德，不校积劳……希望陛下养勇蓄力，以待其兵分，然后率精骑五千，自郓州直驱大梁，抓住伪帝，旬月之间，天下可定！"

同光元年（公元923年）十月，李存勖真按照康延孝的话去做，先派人向其妻（刘皇后）诀别："事之成败，在此一举，如果不成功的话，则当集合吾家于魏宫而烧焚。"然后以大军自杨刘渡河，中夜进军，梁兵溃散。王彦章带数十骑潜逃至龙武，李绍奇（即名将夏鲁奇，李绍奇为李存勖所赐姓名）单骑紧迫，当辨识其声后，道曰："这就是王铁枪！"（王的诨号）拔鞘刺之，彦章马蹶而跌，身负重伤，遂被擒。

六、浑身是骨"王铁枪"

王彦章过去曾说过这样的豪语："李亚子（存勖小名）是斗鸡走狗的小角色，有啥了不起？"

现今李存勖面对着俘虏，很想平心静气地谈一谈："喂，王大将军，你常叫我'小角色'，现在怎么样？——你既是名将，为什么不守兖州，中都无一壁垒，怎么能守得住？"

"天命已去，说也无用！"失败的英雄喟叹着，把一切归之于天命。

李存勖爱惜其将才，欲加以重用，赐药敷其创伤，遣人慰问并诱谕。

王彦章倒浑身尽是骨头："我是一个草莽匹夫，蒙梁朝厚恩，升到大将，而与你们的皇帝（李存勖）交战十五年，今兵败力穷，死本是应分的事，纵使皇帝可怜让我活下去，我还有什么面目和天下人相见呢？岂有朝为梁将、暮做唐臣的道理？这是万万做不到的！"

李存勖只得成全这位风骨凛凛的梁朝大将军！

后唐大军直下曹州，兵势甚锐，已长驱直叩梁的大门了。

七、后梁末帝的末路

后梁末帝朱瑱怎么办呢？他日夜涕泣，聚族而哭，不知所为，召群臣问对策，皆莫能对。他对着老宰相敬翔道：

"过去不大爱听你的话，以致弄到这种地步，但事已如此，怨也无用，还是请你想点办法吧！"

敬翔涕泣着答道："臣受先帝厚恩，差不多将近三十年了，名义上是宰相，实际上则是'朱家的老奴'，事陛下如保婴儿，前后所说的话全是逆耳的忠言……今欲请你出去避难，你一定不会听从，请你出奇兵以制胜，你又不能果断决疑，纵使张良、陈平复生，也无能为力，现在剩下唯一的办法就是希望先被赐死，因我不忍眼睁睁地看到宗庙覆亡。"

君臣两人相对恸哭起来。

朱瑱的疑心更大了，凡是有叛变可能的，囚的囚，杀的杀，即使是自己的宗族，也一律未能例外。

有些聪明人献计："请自怀传国宝，诈降以纾国难！"

"今日固然不爱什么宝不宝，但以传国宝诈降能行吗？"朱瑱很认真地反问着。

"恐怕还是不行！"献策的人等于白说了一通。

一个满满严肃的场面，反而引起一场轻松的暗笑。

不久，就传出传国宝在大内（皇宫）失窃了，盖已被左右偷去欢迎唐军了！

朱瑱无计之余，对着控鹤都将皇甫麟道："李氏是我家的世仇，按理来说，万万不能投降，但头颅绝不能挨他们的刀锯，我又不能自裁，看来还须借重你的刀！"

没想到皇甫麟竟客气起来："臣为陛下挥剑斩唐军则行，不敢奉此命令。"

"那你准备把我出卖哇！"朱瑱的疑心病又发了！

皇甫麟无法自明，马上想自刭。

"等一下，咱们一同死吧！"皇帝素来爱干净利落。

皇甫麟只得奉诏先杀帝，然后自刭，梁祚遂绝——这是公元923年的头条大事记。

五天后，李嗣源的大军进入开封府，出榜安民。接着后唐庄宗李存勖驾到，百官迎谒于马首，拜伏请罪，一切的礼节纯按着"改朝换代"的方式进行。

八、推谢不得的皇冠

最初,当李存勖还是晋王时,因道击刘郭至渭水,复兵至下邦,谒唐代帝陵,哭之而还,当时就有方面大员上书,劝其称帝,他不肯,理由颇堂皇:"先王(李克用)曾对我说,昔天子(僖宗)幸石门,吾发兵诛贼臣,当是之时,威震天下,如挟天子据关中,自作九锡禅文,谁能禁我,顾吾家世忠孝,立功帝室,誓死不为耳。汝他日当务以复兴唐朝的社稷为职志,慎勿效此辈的所作所为。言犹在耳,故这种称帝动议,不敢闻命。"

但有司、将佐及藩镇劝进不已,李存勖开始动心了!马屁客已在市面收购宝玉造国玺,马上就有人说得到黄巢时代的传国宝;此时其后勤官张承业在晋阳(今太原)听到这则李存勖想做皇帝的消息,立刻赶到魏州来阻挡:"吾王世世忠于唐室,救其患难,所以老奴三十余年为王整理财赋,补充兵马,誓灭逆贼,复本朝(大唐)的宗社,今河北刚刚安定,朱氏尚存,而王遽即大位,殊非本来征讨的原意,试问天下有哪个会拥护你?"接着替他出谋划策,提议道:"王为什么不先灭掉朱氏,复列圣的深仇,然后求唐后而立之,南取吴,西取蜀,汛扫宇内,合为一家。当此之时,虽使高祖、太宗复生,谁敢居于王之上呢?让之愈久则得之愈坚。老奴之志,没有别的,但以受先王之恩,欲为王立下万年的基业罢了!"

"这个本来不是我的意思,是群下的劝进建议!"

"诸侯血战，本为唐家，今王要自取，误了我老奴！"张承业碰了一鼻子灰后回去，抑郁成疾，就此不复起。

同光元年（公元923年）四月，李存勖终于做起皇帝来，国号唐，建元同光，是为后唐庄宗。

半年后，他以大唐帝国的皇帝姿态和排场来到东都开封府，中原王朝看似又告统一。后唐庄宗入大梁后的第一件大事，是拟发掘梁太祖（朱温）的坟墓，断棺焚尸，张全义立上言："朱温虽国之深仇，但其人已死，刑无可加，屠灭其家，足以为报。"

后唐庄宗虽报仇心切，至是也就算了，不过命人把那些封树统统铲掉而已。

第四章
李存勖的真面目

一、"戏迷"李存勖

在中国历史上,酷爱戏曲的帝王而号称知音的共得五人,即唐玄宗李隆基、后唐庄宗李存勖、南唐后主李煜、宋徽宗赵佶、金章宗完颜璟。

这五位能粉墨登场的"顾曲周郎",只因"酷爱"得太过火,几如时下的"戏迷"般,昼夜沉湎于红袖歌声中,反把军国大事撂在半边,终于导致身败名裂、家破国亡。除李隆基与完颜璟尚有一棺覆体、正其狐首外,余下三者其下场尤令人掬一把同情之泪。

李存勖自幼就善音律,时常敷粉、涂朱、美容化装,与优伶等共同登场表演,唱作俱佳,主要目的在讨好其妻刘夫人。

他有三个"谈得拢"的"戏剧同道",另有一票友。

一号景进,是李存勖宠信的得力人士,出入宫掖,官拜泰宁军节度使,主张把前蜀的王宗衍一行在半途全予宰掉的,正是此人。景进好探采里巷的鄙细屑事,向李存勖报告,李存勖最乐意听，每有所报告时，常屏退左右，促膝细语，亲昵的状态仿佛两人同穿一条裤子。景进就是如此进其谗慝，进而干政弄权的。

二号郭从谦，艺名郭门高，李存勖与后梁朱瑱相拒于德胜时，募勇士挑战，郭从谦弃艺应募，斩俘而还，此后官运扶摇直上，职拜从马直（唐庄宗的亲卫军）指挥使，将来要了李存勖命的，正是此君。

三号是敬新磨。敬新磨在艺术上的造诣不可多得，而且他富有机智，行动果敢，能为人之不敢为。有一回，李存勖在台上，竟得意忘形地自行喊叫自己的绰号"李天下"，并连叫两声。

敬新磨立即跳上前去，也不管什么皇帝不皇帝，左右开弓给他两巴掌！

李存勖摸着火辣辣的面孔，报报地不知怎样收场才好，其他的优伶都大惊失色，认为敬新磨疯了！

敬新磨却若无其事，慢条斯理地说出理由来："理天下（谐理为李）的，只有你一人，还叫哪个来理呢？"

吃了两个耳光的李存勖觉得有道理，立即赏赐。

李存勖既有了东方朔式的敬新磨，机智横溢的逸事随时发生，笑声里蕴藏着血泪的幽默，幽默里寓涵着为政宜体恤民生疾苦的启示。

话说出身沙陀，善骑射、好畋猎的李存勖，曾行猎于中牟（今河南省中牟县），成批成阵的扈从队伍任意纵横驰骋，毫不爱惜地践踏百姓的稼禾。

中牟县令感到十分难过，当即奋不顾身地"马前叩谏"，哪晓得这类"不识相"的举措，既有失皇帝的面子，也扫尽皇帝的游兴，于是在"面子哲学"凌驾于一切的"火气"下，李存勖火辣辣地把县令斥责一通。余怒未息之下，李存勖还想把他交给有司，就地正法。

忝为"行猎队"成员的敬新磨，确曾从旁多方婉劝皇帝把"火性"息息，但终归无效后，他灵机一动，立即率着"伶官队"飞奔而前，把县令押回到御前，随口高声斥责道：

"你身为一县之长，怎么可以连你'最高级的顶头上司'的'好猎脾胃'半点也不晓得，这是该死的罪状一。"

"你为什么要傻得如此可爱而叫老百姓从事田亩稼穑，来供给皇帝老子的衣租食税呢？真是多此一举，这是该死的罪状二。"

"你为什么不叫老百姓都饿着肚皮而留下这块土地，好让皇上来尽情游猎呢？这是该死的罪状三。好了！有了这三项不可赦的大罪！"他抬起头来望着两边剑戟森严的刀斧队，"刀斧手在哪里？把这位糊涂透顶的县令的脑袋，替皇上砍下来！"

"对啊，快点把这位糊涂县令的糊涂脑袋，替皇上砍下来！"所有的伶人一起放声唱和着。

李存勖被点醒了，被幽默式的嘲讪唤醒了理智，在一阵莞尔的浅笑里，他挥挥手叫把县令放了！

这是敬新磨的过人之处，他能随机捏造"临时判词"，以拯救一位贤良的为民请命的县令。

李存勖的办公之地豢养着各色各样的狼犬。有一回，敬新磨奏完事后，拔步回身，一匹狰狞的恶犬虎虎地尾随了过来，那可怕的样子大有把他一口吞下之势。敬新磨急忙倚靠着宫廷的大柱，大声唤道：

"皇帝先生，不要叫'你的孩子'咬'人'啊！"

这一下撩起了庄宗的肝火，盖他的家世，原是夷狄的沙陀。夷狄的人本就忌讳狗的称呼，而敬新磨居然用"你的孩子"相称，怎不叫皇帝无名之火燃旺三千丈呢？只见他顺手拉起了弓，就想给"老敬"吃一箭。

情况万分危急，敬新磨急中生智："哎！你千万不可杀我，因我与你一体，杀我之后，你准会倒大霉的。"

"真的吗？"皇帝迟疑了。

"因为皇帝老子你开国的年号叫'同光'，天下的老百姓都叫你'同光帝'，'同'就是'铜'，假使你杀了敬新磨，则'同'（铜）就无光彩了！"①

"算你会说话！"弓从皇帝的手中掉了下来，李存勖笑了。

还有一票友名为周匝。胡柳陂之役时，周匝被俘，李存勖日夜思念。当李存勖攻入开封时，周匝立刻来拜谒。票友见面，无限欢悦，周匝乘机涕泣道："我之所以能活到此刻，全

---

① 未有玻璃前，铜镜须常磨，亮度才能焕发。

赖梁的教坊使陈俊、内园栽接使储德源的大力帮助，希望皇帝老子给他们一个适当的位子，以作报答。"

看在戏友的面上，李存勖不假思索，立即答应，想发表陈、储二人为刺史。

宰相郭崇韬偏不买账，据理力争，理由非常堂皇："跟你来取天下的全是英雄豪杰，于今大功刚开始，封赏未遍及将士，却以优伶为刺史，恐怕太说不过去吧！"

这件封优伶为刺史的案子就此延搁了下来，但周匝以锲而不舍的精神，一而再、再而三地拜托恳请，李存勖终于答应并发表了！把国家的名位当作私物酬谢赠送，这是一种什么行为？优伶们既和李存勖打上了交道，军国大政不可避免由他们提供意见，从而过问、干预、实行操纵。这些伶官全是贪得无厌的角色，后来在南平称帝的高季兴，就是因伶官多方赇求，愤而宣布独立的。

二、宠任宦官

宦官原是谄谀侍奉的人物，因生活起居、前后左右老是在一起，竭智尽忠的人物固然不能说没有，但往往为逞一己私欲、以私害公的不在少数。宦官是在看起来很忠诚的假面具下生活的，他们完全懂得借用诚恳忠实的外衣来掩藏酷恶、凶狠的毒计，从而干政弄权。

后唐庄宗于即位的第二年（公元924年），敕以内官（宦官)为内诸司使及诸道监军,薪俸极优厚,委之以重任,以为腹心。

宦官的第一道建议是把财政部分为"内外府",凡是州县上贡的,纳入"外府"作为政府经费,凡是方面大员贡献的,扫数充入内府,作为游宴欢叙时赏赐左右之用。光懂得戏曲、音律而不知经济为何物的李存勖,马上付诸实行。于是,"外府常虚竭无余"而"内府山积",原理是不难明白的,州县所献的正规捐税能有几多?而方面大员的全是囊橐丰盈、实实在在的。他们一面搜刮,一面来孝敬高高在上的人物!

宦官为使皇帝舒适,总是想尽办法怂恿皇帝大兴土木,广造宫苑楼阁以摆场面。洛阳宫殿较为宏大,宦官们造谣说宫中时常夜里闹鬼,李存勖想叫道士来祈禳,宦官们不愿意,其理论是在唐懿宗、僖宗时代,天子的六宫不下万余人,如今宫掖空了一半,因为人少了,鬼就多。

李存勖认为有理,即差景进去采择民间女子来充实后宫。景进的手面很阔绰,一采就是三千人,不管你是什么大家闺秀、小家碧玉,只要容貌端正的就照抓不误,然后载在牛车上,累累满路,泣声盈野,惨不忍听。

来到洛阳后,已步入荒唐生活的李存勖对宫伶的建议百依百顺,渐渐疏远了旧臣宿将。

有了皇帝老子做靠山的宦官,无论从内在还是表面,现在都胆敢同相臣相拼了。他们选择的第一个对象是位兼将相、复领节旄、权倾人主的郭崇韬。

郭崇韬虽位极人臣，但终以天下为己任，求事者旦夕车马填门，唯其人性急，遇事辄发，嬖幸侥求，多被摧抑。这就引起了宦官的愤恨，他们天天在李存勖面前说他的坏话，几乎是一车一车的，弄得皇帝把握不住是非观念！

三、让刘后收"红包"

有人曾把权势比作无时不在变化的液体，初尝时是芬芳满口的白兰地，继而成为淡而无味的苏打水，最后蜕变成有腐蚀性的硫酸。一个意志力薄弱、操守不坚定的人，千万别去尝它，口渴时宁可饮白开水、茶水，"权势之水"是千万喝不得的，要是不时时以高度的警惕心警诫自己，五脏六腑终会被腐蚀一空。

李存勖的妻子刘氏，郭崇韬率领百官共奏，被立为皇后。刘氏出身穷微，不明大局，一旦贵为"天下第一夫人"，即专以收红包为务。当时在魏州为"夫人"之时，她就把所有的柴薪果木，皆令贩卖以求利，现在做了皇后，原可再不必孜孜于此。但是她不，贪婪的性格竟是先天的，复因有四方大员的自动贡献，刘氏遂把贡物分为二份，一份给李存勖，一份算是自己的私房钱。因之，人人都知刘氏爱货，献得格外殷勤，贡物络绎不绝，是以宫中宝货山积。刘夫人除写写佛经、布施一些尼姑外，一文钱都舍不得花，最糟糕的是她的命令完全与皇帝同等，要啥有啥，没有人敢违背，故当时皇太后的"诰"、皇后的"教"与皇帝的"制敕",三者交行于藩镇,一律具备同等效力。

揩克能手租庸使孔谦就摸清了这条线索,聚敛搜刮以求宠,皇帝有所蠲免的,孔谦再度征收,皇帝的敕令反不如孔谦的牒令管用。从此皇帝的诏令等于一张"卫生纸"。

最后仓储不足,孔谦开始克扣军粮,长此以往免不了有种种谣言流布,尚书令张全义率百官上言:"今租庸已竭,内库有余,诸军室家不能相保,倘不赈救,惧有离心,俟过凶年,其财复集。"

李存勖想要听从,刘后却突开腔坚持异议:"吾夫妇君临万国,虽借武力,亦由天命。命既在天,人们对我们要怎么样?"锲而不舍的张全义又在便殿上和李存勖展开辩论,刘后躲在屏风后偷听,大概是我佛如来或观世音菩萨感动了她的慈悲心肠吧!她随即搬出一些妆具和三只银盆,道:"大家都说宫中蓄积多,其实呢?四方的贡献随即都赏赐光了,所余的就剩下这么一点,请你把它变卖后拿去劳军吧!"

宰相惶惶然地鼠窜而逃,仿佛做了一件很不名誉的事。

等到李嗣源被逼叛变,会合安重诲移檄全师、举兵南渡时,李存勖心中才略略有些悔悟。于是皇帝拿出金帛赐诸军,但得了赏赐后的军士反而破口大骂:"我们的妻子儿女早已饿死、冻死了,还要这些干啥?"

李嗣源的大部队已占据大梁了,李存勖往西逃,过罂子谷,道狭,每遇士兵执武器从事战斗的,皇帝辄用好言好语去安慰，说道："魏王又进西川金银五十万，一旦到京，当完全发给各位！"

士兵们几乎众口一词地道："皇帝赐得太迟了！纵使赏赐，我们也不会感激皇恩的！"

皇帝李存勖说不出半句话，无可奈何地唏嘘流涕。

后来皇帝还想拿袍带之物慰抚从官，内库使张容哥立刻报告："已经颁发过了！"

跟从皇上的卫士立叱容哥道："使皇上逃难的都是你们这些坏家伙。"拔起刀来就追杀他。

未被追杀而死的张容哥，事后对着同道唏嘘："皇后这般吝财爱物，现在倒全归咎于我们，倘使大事不好，你我只有碎尸万段的分儿，我不愿意等到那个时候到来！"说罢，跳河而死。

四、颠顶怠政

士兵们为什么不要皇帝的赏赐呢？只因远在李嗣源叛变之前，军士们缺衣少食，甚至有卖妻鬻子的，老弱采蔬于野，百十成群，往往饿死，流言怨嗟。李存勖却充耳不闻，一味游畋不息。

大雪天，吏卒多有僵仆于道路的，伊水、汝水间饥灾甚重。李存勖的亲兵卫队所过，常责官民供饷不够，砸坏其器物，甚至把民间的庐舍拆掉，当作薪柴烧，态度远比强盗还要横暴,县吏多自动逃匿于山谷避难。

李存勖感到部队储粮不够,召开会议,谋求对策,谁都想不出办法,吏部尚书李琪上疏:

"古者量入以为出,计农而发兵,故虽有水旱之灾而无匮乏之忧。近代税农以养兵,未有农富给而兵不足,农捐瘠而兵丰饱者也。今纵未能蠲省租税,苟除折纳、纽配之法,农亦可以小休矣。"

李存勖下敕给有司,除折纳、纽配之法,但有司竟不能行。

孔谦贷钱给人民,目的在贱价偿丝,屡檄州县督促,翰林学士承旨卢质上言:

"梁赵岩为租庸使,举贷诛敛,结怨于人。陛下革故鼎新,为人除害,而有司未改其所为,是赵岩复生也。今春霜害桑,茧丝甚薄,但输正税,犹惧流移,况益以称贷,人何以堪!臣惟事天子,不事租庸,敕旨未颁,省牒频下,愿早降明命!"

像这般与人民切身相关的事,李存勖却若无其事般理都不理,任孔谦等人横征暴敛、鱼肉百姓,由是看来,李氏王朝还有啥希望?

五、讲究享受

在后梁未被征服、消灭之前,李存勖的确是有雄心壮志、想要奋发有为的,借用郭崇韬的话是"不枻沐,不解甲,十五余年,其志欲以雪家国之仇耻也"。一旦皇冠加在头颅上,"大梁王朝"成为历史的陈迹后,李存勖就开始觉得溽暑难耐了,在宫禁中择高凉之所,皆不称旨了!承风希旨的宦官们立即把握住题目,大做文章:"我们曾目睹长安全盛时代,大明、兴庆宫楼观以百数,今日皇家竟无避暑之设备,宫殿之盛反不及当时公卿的府邸。"

李存勖立命宫苑使另建一座御楼来避暑。

看到计策已生效的宦官故意道:"建避暑别宫,郭崇韬宰相会不开心,孔谦会说财用不够,皇帝纵有心营建,恐怕不大可能吧!"

"我内府库有的是钱,用不着'财政部'的经费。"

李存勖很有把握地派使者去对郭崇韬说明建避暑别宫的理由:"今年似乎特别热,你没感觉到吗?郭宰相!遥想多年前和梁人对抗于河上,行营卑湿,被甲乘马,亲当矢石,反而一点儿也不会感到热,现今深居宫中,而仍觉暑热难耐,你看该怎么办才好呢?"

摸不清皇上心理的郭宰相如此回答:"皇帝前在河上,因劲敌未灭,深念雠仇,虽有盛暑,不足介怀,今外患已除,海内宾服,故虽深居于珍台闲阁,犹觉得郁蒸难耐,要是能不忘记艰难的时候,则一切暑气会自然而然地消失。"

李存勖碰了一鼻子灰,一下子变成了哑巴。

懂得逢迎吹拍的宦官有话了:"郭崇韬的府邸比皇宫还要舒畅,所以他是说什么也不会感到热的!"

李皇帝认为宦官说得是,避暑别宫得赶快营造。别宫动员了多少人呢？史书上说"日役万人，所费巨万"。

宰相仍想尽职，再谏道："今两河水旱，军食不充足，愿请息役，候待丰年，再建不迟。"

大道理皇帝会不懂吗？然而李存勖偏不吃这一套，他认为老子爱怎样就怎样，谁也管不着。

六、悲剧主角

同光四年（公元926年）四月，从马直指挥使郭从谦在营中大叫口号后，率其部队直攻兴教门，是时李存勖正在进餐，闻发生事变，立率诸王及近卫骑兵反击，逐乱兵出门。临时，李存勖突想起番汉马步都指挥使朱守殷率领骑兵在外，于是差人召其带队前来击贼，无奈朱偏不加理会，把部队开到北邙的密林下休息，因那儿有凉爽的清风呀！

郭从谦的乱兵已放火烧兴教门，并缘城而入了！近臣宿将皆弃甲潜逃，只剩下十余名宿卫军在力战而已，接着李存勖中了流矢，有人忙扶皇帝自门楼步下，来到绛霄殿庑下，拔去了箭头之后，因流血过多，李存勖口渴得很厉害，很想喝水，刘皇后理都不理，只派宦官弄点乳酪给他解渴。渴才解，李存勖四肢抽搐了一阵，两眼翻白，便骤然谢幕了。

左右皆各逃命，鹰坊人善友敛集庑下的乐器，覆盖在皇帝的死尸上，放把火烧了！骨灰要等到李嗣源来后才收殓，皇帝是以乐器作为殉葬品的，他一生离不开"乐"。刘皇后呢？她把"旅行袋"装着的珍宝金玉放在马鞍上,跟着李存渥一起逃难,奔回老家晋阳去,在途中竟与李存渥发生了不当关系。存渥入城后被杀,刘皇后则削发入山为尼,后来李嗣源派人把她就地宰了!

写《新五代史》的欧阳修,在其《新五代史·伶官传序》上说:"传说李克用在临终时,拿了三支箭给李存勖说:'梁国是俺的世仇,燕王刘守光是我推立的,至于契丹,曾与俺约为兄弟,后来二者都背叛了我,去归附梁朝。这三件事是我的遗恨。你切莫忘记,我心中想要干的是什么。'"

李存勖接受后,把箭藏在宗庙里,其后每逢出兵征战,便差人用猪羊到宗庙里去祷告,领了这三支箭藏在锦囊里,背着在前面先行,等到凯旋的时候,仍旧将箭归藏于宗庙内。

后来,他举兵灭燕,把刘仁恭、刘守光父子五花大绑,把朱温、朱瑱父子的头颅藏在木匣里装回来,献到宗庙内,报告"成功了",意气之盛,真够称得上一世之雄。

一旦等到仇敌已灭、天下已定,一个小小的郭从谦大声一呼,乱者四起,仓皇东出,还未看到贼人的踪迹,士卒已奔逃一空,君臣相顾,不知要到哪儿去才好,甚至于向皇天赌咒,截下头发,泣涕涟涟,是多么衰颓沮丧呀!

欧阳修反问:"岂得之难而失之易欤?抑本其成败之迹,而皆自于人欤?"盖棺论定的断语是"忧劳可以兴国,逸豫可以亡身"。

寥寥两句替后唐庄宗李存勖做了一个简短扼要的说明。李存勖最大的毛病出在后半期：一为牝鸡司晨，屠杀忠诚谋国的郭崇韬；二为颠顸无知，逼得李嗣源走投无路只能叛变。为求了解此两大案是他有意无意之中造成的，兹把经过分述如下。

七、郭崇韬案

公元919年，即李存审筑德胜南北两城（今河南濮阳）的"夹寨"夹河而守的那年，三月，河东魏博中门使孟知祥向李存勖推荐郭崇韬（山西雁门人），说崇韬倜傥有智略，临事敢决，更"剸繁治剧"。寥寥数语已把郭崇韬的勇于负责、公忠体国的轮廓勾画了出来，李存勖即行发表郭为"中门副使"，从此，郭崇韬官运亨通，宠待日隆，直到后来升至专典机密的相位。

当郓州为晋所得，梁朝复起王彦章以图收复时，有人向李存勖建议："郓州城外皆为寇境，孤远难守，拥有反不如无的好，请以易卫州及黎阳，和梁相对换并约和，以河为界，休兵息民，等到财力稍为富裕后，再举不迟。"

"照这么说来，我是死无葬身之地了！"李存勖很不以为然地予以斥责。事后，李存勖私下征询郭崇韬的看法，很有见解的郭崇韬做出与众不同的分析："陛下整整十五年不栉沐，不解甲，目的只有一个，那就是报仇雪耻。现今您已正式称尊道寡，黄河以北的臣民无人不希望早日升平，过上好日子，而今刚得了郓州，尺寸的土地连守都无法守得住而必须予以放弃,这怎么还能希望得到中原的广大领土呢?我诚恐将士一旦解体,将来食尽众散,虽划定黄河为界,谁能替你守卫?成败之机,决定在今年……陛下若留兵守住魏州,保住杨刘,自以精兵与郓州合势,长驱直入汴梁,该城内既空虚,必定望风而溃,那时,'伪主朱瑱'授首,则诸将自然投降;要不然的话,今年秋粮歉收,军粮将尽,陛下如不下定决心,大功怎么能告成?俗语说得好:'与道路上的人谋筑房屋,三年不会成功。'请勿疑惑为是。"

李存勖点点头:"说得是,完全符合我的意见!"皇帝坚定了下来!

当李唐王朝打算灭前蜀的王衍时,发表皇太子魏王李继岌为都统,郭崇韬任招讨使,当其率领四方貔貅入大散关时,以马鞭指着崇山对部下道:"假使我们进攻不成功,大家别想回家了!"该军一路风驰电掣,气吞全蜀,郭崇韬遂威震关中。

前蜀亡时,李继岌、郭崇韬的确收了不少"红包"。蜀相王宗弼献得最多,目的在于先留下命,然后有官可以做。魏王李继岌收纳后,如此说道:"这全是我家的东西,不必多此一举,都留下吧!"

郭崇韬也照收不误,但尚能适时捐献给国家,他第一次献出的劳军钱就有十万缗之多。当他初到汴洛的时候,藩镇都有"馈遗",有人劝他千万收不得,他不理这一套,他的见解相当特别而有理:"我位兼将相,禄赐巨万,按理不必收受这些财货,但以'伪梁'官场习气,贿赂成风,今河南藩镇全是梁的旧臣，而原是我们的仇雠，假若拒绝了他们私心奉献的一片好意，他们岂不因此惴惴不安？我郭某不过是替国家藏财宝于私室罢了！"从表面上看，郭崇韬爱收贿赂是有其不得已的苦衷的。

豆卢革、韦说半认真地调查郭崇韬的身世来历："汾阳王郭子仪本来是太原人，后徙于华阴，你的老家是雁门，会不会是'郭汾阳'的支派？"

"因为遭遇战乱，家族宗谱都散失了，记得先人曾说，距离'郭令公'（即子仪）是四代。"

"这样说来，郭汾阳还是你的高曾叔祖哩！"

"嗯！可能是，但也很难说！"

打从这次身世的漫谈调查后，便糟了！郭崇韬居然自命为"膏粱世家""多甄别流品，引拔浮华，鄙弃勋故"了，有踵门来求一官半爵的，郭崇韬的口调跟以前大不相同："我也很了解阁下很能干，有学识，但是只因你的世系属于'寒门'，恕我不敢录用，怕的是为名流嗤笑。"

从此之后，宦官嬖幸恨之于内廷，而勋旧寒士怨之于外府，内外交加，他的地位焉能不危殆？

在内外交谤声中，郭崇韬居常悒郁不乐，跟自己的幕僚、参谋商议，很想回老家避一下风头。

"不行！这是逃避现实，蛟龙一旦失水，蝼蚁就可要了它的命。"

"那总得想一个法子才行呀？"

"这样吧！李存勖顶喜欢刘夫人，老想把她立为皇后，而太后和你老是反对，以致刘夫人至今仍不过是一名夫人而已。现在咱们改变策略，由你出面率领百官，奏请立刘夫人为'皇后'，皇帝一定很欢喜。从此之后，你在内廷上有了刘皇后的暗助，宦官们也就没有什么可怕的！"

想不出更好主意的郭崇韬，只好把下策当上策用，但刘夫人是否就此感激他呢？不！她跟宦官伶伶们早已同流合污，很自然地结成一条新阵线专对付他。

当伐蜀时，李存勖遣宦官李从袭跟魏王讨蜀，李继岌虽名为都统，但军中部署全出于郭崇韬一人之手。崇韬终日办事，将吏宾客趋走盈门，而都统居所除早晨签名报到外，冷冷清清的，找不到半个鬼。李从袭老是不开心，蜀破了，贵臣大将都争着以宝货、乐伎献与郭府，李继岌所得的不过是匹马米帛、唾壶麈柄而已。李从袭简直气得要发疯！等到后来蜀相王宗弼献上宝货，自为"西川留后"后，即贿赂崇韬求发表他为节度使，崇韬口头上答应着，却老是不给他实缺，好厉害的王宗弼乃率领蜀人列状拜见李继岌："请求郭崇韬镇蜀。"

李从袭立即抓住这个好题目，对继岌说："郭公专横！今又主使蜀人陈情，请发表他为帅，其志很难捉摸，你不可不防备。"

未把事态搞明白的李继岌竟醋意很浓地面责郭崇韬："皇上倚你，如倚山岳，一刻不可离开庙堂，怎么能弃置国家的元老于蛮荒之域呢？如果你坚持要留在蜀地，则不是我职权范围所能决定的事。"

从此之后,李从袭得意了,他的诡计得售了,李继岌和郭崇韬有隙了!

平定成都后,蜀中盗贼群起,满布山林。郭崇韬担心大军一旦远归,后果不堪设想,故命任圜、张筠分道招讨,是故淹留而迟归。

李存勖特派宦官向延嗣为特使,前来催归,太大意的郭将军不曾亲至郊外迎迓,等到相见时,礼节又不周到,向延嗣怨气冲天,李从袭再度抓到机会,又有了好文章可做:

"郭崇韬太专横了,其子郭廷海拥有徒众,进进出出,天天与军中骁将、本地豪杰放肆呷饮、指天画地,目中无人,最近听说他竟对其老头子这么说:'快点让我做蜀帅吧!'还说:'蜀地天府之国,大人宜善自为谋。'现今诸将校都是'郭党',魏王李继岌好像寄身于虎狼之口,一旦有变,我们真不知要葬身于何地。"说罢,声泪俱下!

一肚子怨气的钦差大臣向延嗣回到洛阳后,即添油加醋地一五一十地向刘后报告,没有半点辨别力的刘后立即向皇帝泣诉:"请救救李继岌吧!"

李存勖早就听说过,蜀地代表集体请愿留郭崇韬为帅,心中已很不舒服,至此有了向延嗣的铁口报告,疑惑也就更大。皇帝自己翻阅接收蜀地府库的簿籍,召向延嗣问道:"大家都说蜀地珍货无算,怎么只有这么一点点?"

"全都搬到郭府去了,郭崇韬有黄金万两,银子四十万两,钱百万缗，名马千匹，他物不计其数，而他的儿子郭廷诲所得的，尚未计算在内，故县官们所献的，只有这么一点点！"向延嗣随口捏造了一笔夸大百万倍的假账，以陷害郭氏到底。

皇帝气得两手直抖。

接着，李皇帝派孟知祥入蜀，孟负有调查、监督与取而代之的任务，临行李存勖给他一道"面命"："听说郭崇韬有异志，你到了之后，立刻替我把他宰掉。"

"郭崇韬是国家的栋梁、开国的元勋，大概不会有如此企图吧！等我到四川后，看看如无异样，叫他马上回来。"

孟知祥是保荐郭崇韬的人，说得较为中肯，李存勖暂时答应下来。

但不放心的李存勖，又派衣甲库使马彦珪直诣成都，秘密调查郭崇韬的行状，要是他肯奉诏班师则已，如稍有跋扈迁延之状，则与李继岌共同对付之。

知趣的马彦珪先去请教刘后："听向延嗣的报告，蜀地危在旦夕，现在皇上当机不断，成败之机间不容发，哪有缓急禀命于三千里之外的道理？"

刘后立即去跟皇帝辩论，还是把"老郭"干掉吧！李存勖认为不知实情不可遽做决断。于是，刘后发挥了自己独有的行政权，把"教"搬出来，叫马彦珪与李继岌快快斩杀郭崇韬。

此时在成都的魏王李继岌将动身，令任圜权知留事，以等候孟知祥的到来。诸军的部署，亦告定妥，这天马彦珪刚好赶到，把权力与诏敕同等的"教"交给李继岌，继岌看后道：

"大军马上凯旋，他又没有什么了不起的劣迹，怎么可以做这种伤天害理的事，你们千万不要再多嘴，再说，皇上又无'手敕'，怎么能以皇后教令来诛杀招讨使？"

看样子，李继岌倒是颇为持重的人物，宦官李从袭等立即涕泗交流："事态发展已如此，万一情报泄露，被郭崇韬侦知，发生叛变，岂不是更为糟糕？"

于是你一言我一语，交相巧说利害，拿不定主意的李继岌不得已，只有听任宦官摆布。

公元926年春正月，宦官李从袭以魏王命令，召郭崇韬开军事秘密会议。情报失灵、不明就里的郭崇韬，以为是真的，果然命驾前来，在到达总部时，李继岌遽尔登楼躲避，郭崇韬才提步升阶，刀斧手从其脑后就是二大巨棒猛砸过去，郭崇韬踉踉跄跄地倒了下去，一个贤能的将相，终于在宦官、愚后与颟顸的君主刻意布置的陷阱下宣告毙命了。根据"斩草除根法"，其子郭廷诲也未能逃过厄运，一并被杀。

郭崇韬被秘密干掉后，外面连一点风声都不曾走漏，将士都不知情。

都统李崧抱怨李继岌未免太过于草率从事："行军三千里外，并无敕旨，擅杀大将，为什么不再忍耐一时，到了洛阳再执行？"

李继岌至是才有点悔意："我真懊悔得不得了！"

李崧乃召几名书记官，登楼去梯，矫为敕书，用蜡印纸来宣布。

惶惶的军情稳定后,大事已循着老例在化小事了,郭崇韬的左右多自动逃窜、藏匿。唯独书记官张砺曾到魏王府恸哭了一个时辰,借以聊表哀思,如是而已!

马彦珪的目的达到后,径还洛阳,李存勖竟一错再错,下诏宣布郭崇韬的罪状,并诛杀其子廷说、廷让、廷议,于是朝野骇异惋惜,群议纷然。而皇帝、皇后却满不在乎,盖他俩委实无法看出,郭崇韬的死与他俩有何了不起的关联,有啥了不起的后果和影响。嗟嗟!

要是郭案就此告终,则后唐皇朝的国本当不至于遽尔动摇,无奈郭崇韬之死不过是全案的开始而已。

睦王李存乂是郭崇韬的女婿,宦官们欲尽去"郭党",造谣说:"李存乂对着诸将,攘臂垂泣,为崇韬申冤,言辞很怨懑。"

于是李存乂被囚禁于府第,接着被就地处决。

河中节度使李继麟(原名朱友谦)原是李存勖的老朋友,而且有功于国家,苦于诸伶官的贪求无厌,愤而不与。当大军征蜀,继麟阅兵,遣其子李令德率之从征,伶人景进与宦官交相在李存勖的面前说他的坏话:"李继麟听说大军出动,以为是要讨伐他,故惊惧而阅兵自卫。"

又说:"郭崇韬之所以敢倔强于西蜀的基本原因,是和李继麟阴相勾结,欲内外呼应,实行叛变。"

郭崇韬死了,伶人宦官的理由更大了。是夜,李存勖遣马步使朱守殷以兵包围李继麟的宅第,驱李出徽安门外斩首。

一不做二不休,又诏令魏王杀李继麟的长子李令德,另诏杀其次子李令锡，另诏河阳节度使夏鲁奇诛杀其家人于河中，夏鲁奇至其家，继麟之妻张氏率家人二百余口，拜见节度使道："朱氏宗族罪当该死！愿无滥及别人。"乃分开其婢仆百人，而以其族百余人就刑，临刑时，取出皇帝李存勖给朱家的"铁券"（相当于特赦令）给夏鲁奇看："这是皇帝去年所赐的，我是妇人不识字，不知铁券说的是什么？"

夏鲁奇看后，大气也不吭一声，光红着面孔而已。朱家百余人就此"报销"，连其旧将七人等也一并族诛。

郭崇韬死了，但天下人都不晓得他有什么罪状，于是谣言满天飞，无外乎以下两种：其一，郭崇韬已杀李继岌，自行称王于四川，所以全家被诛；其二，刘后以李继岌之死归咎于李存勖，已弑帝了！

荡漾的余波导致成德节度使兼中书令李嗣源也被波及。李存勖受了谣言的频袭，特派朱守殷去暗中窥察、监视他。朱守殷到任后，对着李嗣源道："你勋业震主，宜自图归藩，借以避祸！"

忠心耿耿的李嗣源道："我心不负天地，祸福之来，无所逃避，一切听之于命运！"

于是第二个节目，已无可避免地轮到了他。

八、被逼上梁山的李嗣源

公元926年，魏博指挥使杨仁晟将兵戍守瓦桥关（今河北省雄县），防备契丹。朝廷以邺都空虚，恐兵至叛变，有敕留守于贝州。

留守于贝州的杨部，部兵皇甫晖与其弟兄夜里赌博，大败，因郭案汹汹遂作乱，劫杨仁晸，叛变者的理由很动听：

"皇帝能有今日，全是我们魏博军的汗马功劳。魏博军甲不离身，马不解鞍者十余年，现今天下已定，天子不念旧劳，反而更加猜忌，远戍边疆数年，如今离家仅咫尺，却不使和家人相见。今闻皇后已弑帝，京师已乱，将士们愿与你一同回家，向朝廷申理诉说。如果皇帝不以为然，要兴兵起讨，则魏博兵力，对付是不成问题的，说不定倒是富贵的资本呢！"

杨仁晸不吃这一套，皇甫晖将他一刀两段。

裨将赵在礼闻变，穿着睡衣逾墙想逃，被皇甫晖追及，齐双腿硬拖下来，让他看看杨仁晸等人的首级，赵在礼惧怕而接受条件，叛军奉之为"统帅"，在贝州大肆焚掠。

从翌日起，赵在礼奉部向南直驱临清、永济、馆陶，直入邺都，既据宫城，仍旧纵兵大掠。

在这儿，发生了一个小插曲。邺都的尚书王正言据案召吏草奏朝廷，等了半天，并无半个人来报到，正言大怒，其家人曰："贼已入城了！在市上大杀大掠，官吏全逃了，你还命令哪一个？"

王正言骤醒了过来："我怎么一点儿也不知道？既然这样，那么赶快备马吧！"马也不知跑到哪儿去了！于是，王正言反而笃定起来，率领僚佐，步出府门，拜谒赵在礼。在礼很客气地答拜道："士兵们都想回家罢了，别的没有什么！请自我尊重，幸勿卑屈！"客客气气地送他回去。

朝廷得到消息后，即任命元行钦为邺都行营招抚使。元行钦至邺都，攻其南门，遣人以敕诏谕。

赵在礼以羊酒犒师，罗拜于城上："将士思家擅归，相公如好好地代为启奏，只要免死，敢不自新？"遂以敕旨交给将士传阅。

皇甫晖害怕朝廷追究首发倡乱的责任，立即对其众兄弟道："皇上是不会赦我们的！你们看吧！"大家就此噪叫起来，撕破了敕书，守阵相战了。

元行钦攻之不克，把情况向李存勖报告，皇帝居然大发脾气："收复城池那天，一定屠城，一个也不留！"

元行钦退守澶州，无功，李存勖想亲征，宰相枢密使皆说京师是根本，车弩不可轻动。

那么该派名将出马才是，众人齐推李嗣源，以为他最适合。

李存勖猜忌他，表面上反说："我惜嗣源，欲留宿卫。"

在内外交相推荐下，李嗣源不得不披甲上阵，直驱邺都，刚刚到达目的地，准备第二天攻城。当天夜晚，从马直军士张破败作乱，率众大噪，杀都将、焚营舍。天明时，乱兵进逼中军，李嗣源亲自拒战，反不能敌，乱兵之势益炽，李嗣源以将帅之尊叱问道："你们打算怎么样？"

"我们跟皇上十余年，身历百余战，以取得天下，今皇上可不想念我们了！贝州的戍卒思归，主上不赦，还说道：'城破之日，当尽坑魏博军。'我们本无叛心，只是怕死罢了！现今各位的意见是与城中合作，击退诸道的各路兵马，请你在河北做皇帝，让李存勖在河南做他的皇帝。"

李嗣源一再用好言晓谕，不听，嗣源道："你们不听我的话，那就随你们干去吧，我要回京师去！"

乱兵立拔出白刃排成圆圈胁逼道："我们是一群虎狼，事急了，是不晓得尊卑之分的！"遂拥李嗣源入城，城内不接受外兵，皇甫晖遥击张破败，立刻将其斩杀，外兵溃散。

赵在礼率诸将校迎拜李嗣源，泣着请罪："将士们对不起你，我们完全唯命是听！"

李嗣源当然不愿待在危城中受威胁，存心骗他们道："凡举大事，须借兵力，今外兵流散在外，我应出外去收拾才是。"赵在礼等只好答应。李出了城后，收拾了些散兵，泣谓诸将道："我明日当归藩，上表待罪，听候主上裁决。"

中门使安重诲认为，如果归藩，则为据地邀君，刚好给那些谗慝的人以借口，不如星夜诣阙，面见天子，还可以自行表明态度。

李嗣源采纳这项好意见，他的奏章迭上，却全被元行钦扣遏，始终不得通报。

部将石敬瑭劝李嗣源道："夫事成于果决，而败于犹豫，哪有上将与叛卒同入城，而他日得保无事者？大梁是天下之要会，愿假三百骑先往取之，若幸而得之，你宜引大军亟进，如此始可自全。"

突骑指挥使康义诚曰:"主上无道,军民怨怒,你从众则生,守节则死,道理至为明显。"

于是,李嗣源分三百名骑兵给石敬瑭做前驱,李从珂殿后,军势大盛,径奔大梁。

是年三月,破大梁,四月,伶人郭从谦弑帝。李嗣源到达洛阳时,李存勖已化成一堆骨灰,接着豆卢革率百官上笺劝进,嗣源婉辞,三笺续上,请监国,终于答应。丙午,监国自兴圣宫赴西宫,服斩衰(披麻戴孝)于柩前,遂即皇帝位,百官缟素,既而御衮冕受册,百官吉服称贺,是为后唐明宗。

前文提过,李存勖是位地道的"戏迷",撇开他高深的戏剧造诣不谈,他还是一位雅好音乐的"业余作曲家"。他能自撰曲子词,凡部队的军用歌,前后队伍所用的一概由他自行撰定,使他们揭声而歌唱,这叫作"御制"。惜乎中古时代的雄壮军歌,自秦王李世民的"破阵乐"以至于李存勖的"御制",均无一"幸存",以致要想欣赏一二也无从可见!

附其《如梦令》一首:

曾宴桃源深洞,

一曲舞鸾歌凤。

长记别伊时,

和泪出门相送。

如梦,如梦,

残月落花烟重。

　　这首小令蕴藉着无限的风流，寄一往情深，李存勖看来浑然像个才子，似非廊庙之器。

第五章
秦王李从荣与潞王李从珂

一、兄弟两人不相容

后唐明宗李嗣源抢得帝座后（公元 926 年），以皇子李从荣为天雄军节度使、同平章事；公元 927 年，以其同母弟李从厚为同平章事，充河南尹，判六军诸卫事。李从荣对于其弟的判六军诸卫事，心中委实不舒服。

李嗣源担忧李从荣年少骄奢，不懂得如何处理政务。依理，当让他接近一些懂得"治术"的人物才是，然而李嗣源却严禁他接近儒生，生怕他一旦染上了儒生的那一股特殊气质，从此会萎靡文弱下去，失去了先人以武力夺得政权的勇武遗风。然而，李嗣源又很矛盾地特地挑选一些名儒——那些过去曾跟他谈得来的要好人物，和李从荣一同生活起居，使其在言行上能懂得为人处世和勤政爱民的道理。于是，跟随李从荣的儒生私下对他说："令弟李从厚，现为河南相公，恭谨好善，亲礼端士，大有少年老成的风范，阁下的年龄大了些，应当格外自我勉励，免得声望反落在令弟之下。"

未能懂得这一番好意的李从荣,感到心里很不是滋味,私下对着步军都指挥使杨思权道:"在朝廷的那批家伙,都在推崇从厚,而尽说我的坏话,看来我的'皇储'位置相当危险吧!"

"不怕,你手里有的是重兵,再说还有我杨思权做你的后盾,还怕啥?"杨思权用这一套来撑他的胆子,接着劝告他要多多募集部队并整顿训练,以培植自己的党羽和巩固自己的势力。

李从荣的这种做法和行动,都有人详细地向李嗣源报告。

三年后,李嗣源对于此项职务重新予以调整,以皇子李从荣为河南尹,判六军诸卫事,李从厚为河东节度使北都留守。翌年,前者擢升为秦王,后者升为宋王。

二、弃武就文

秦王李从荣入都拜见父皇时,李嗣源很当一回事地教训他道:"我是大老粗一个,是从刀枪战阵中爬出来的,书籍上说些什么,我统统不晓得!但我很喜欢听儒生讲演的'经义',似乎也能使人增加一些智识。我曾亲眼看见养父努力学作诗,摸枪杆的将门弟子耍起笔杆子的把戏来,恐怕只是增加人家的窃笑罢了!你最好还是不要搞这一套。"

这虽是皇帝对太子的家常谈话,但话中有话,因为李嗣源的耳朵里,早已充满了李从荣的行动报告,诸如:"李从荣想做诗人,天天在平平仄仄、一东二冬地把一些浮华的文人,如高辇等全搜罗在幕府内,相与唱和,自以为也是了不起的诗人。每次有盛会佳节时,即置酒相待,命令僚属赋诗,文意如不顺遂其意的,立行撕毁斥责!"首先,儒家是中国"面子哲学"的创立者,让人尤其是"文人"无面子,那可怕的后果是不难想象的。其次,弃武就文不适合当时社会的特殊环境,何况还违背祖先的遗训与家风。李嗣源的这一席话,说得蛮有道理。

但李从荣是个怎样的人物呢?他性轻佻而峻急,既担任判六军诸卫事,复参与朝政,遂不知天高地厚,包庇下人,骄纵不法,以为法律也可由心头的爱憎来决定。在安重诲时代,他和李从厚对安重诲总存有若干敬畏与忌讳,故后来虽然典兵权,依旧怕"老安"几分。于今,安重诲已被"挝杀"了,克星既除,他的骄纵遂无法无天。安重诲死后,范延光、赵延寿为枢密使,李从荣越发瞧不起这二位仁兄。范、赵非常清楚,因此屡次请辞,最后甚至提出由大臣轮番来担任枢密使,李从荣的威势可见一斑。

石敬瑭当时担任河阳节度使、同平章事兼六军诸卫副使,遵时养晦,善观风云变化。按理,他不可能也不敢与李从荣发生正面冲突,但石的老婆是李从荣的"异母妹",兄妹之间的情感因母亲间争宠的缘故,一向未能融洽。现在李从荣既兵权在握,平素的恶感就移到这位"异母妹夫"的身上去。石敬瑭也明了个中过节不是三言两语就可解决的,所以最适当的选择就是要求外放。刚巧，契丹常常入寇，李嗣源问枢密使谁是守河东的最理想人物，范延光、赵延寿二人乃共同推荐石敬瑭与康义诚，于是一切就照着办。

石敬瑭跨出洛阳的城门，以后，他将成为人人皆知的"儿皇帝"！李嗣源在位的第八年（公元933年）也是其在位的最后一年，因年老体弱，老爱闹病，政务疏怠了些，几项重大的事件就在这紧要关头发生了。

三、都想避"秦王之祸"

五月，李从珂终于也挤上潞王的宝座。

八月，皇帝的身体衰弱不堪，已致仕的太仆少卿何泽看出老皇帝已经不行了，而秦王李从荣的权势如日中天，最好是能趁机有所表现，作为政治资本。主意既定，何泽上表请立从荣为太子！

李嗣源看后，不胜唏嘘地对着左右道："大家都请立太子，看来我只好回到太原老家去了。"

随后，他认真地着令宰相、枢密使等讨论这个题目。

得到讨论"皇位继承人选"的讯息后，李从荣颇不乐意，他对父皇说："听说有奸臣要立我为太子，我的年龄太小了！但愿让我多多学习统治和治军的方法与技巧，我委实不愿当此'空衔'。"

"不错！那是百官的意见。"皇帝老实地告诉儿子。

李从荣退出寝宫后，碰到范延光、赵延寿两位枢密使，他带着不屑的口吻道："大臣们建议要把我立作太子，哪是为皇位挑候选人，分明是欲攘夺我的兵柄，把我囚禁在东宫罢了！"

范、赵即把此话转告给皇帝，皇帝为了使他安心，发表他为"天下兵马大元帅"。做了天下兵马大元帅的秦王李从荣，又擅自设立了"牙兵"（田承嗣所建立的亲卫兵，而为朱温、罗绍威所扑灭的牙兵制，至此又告复活）。但李从荣的这些牙兵似乎是专供排场之用。每当入朝时，李从荣从骑百数，张弓挟矢，驰骋于通衢，以资炫耀。而且，他肚内是藏不住半句话的，看范、赵两人不顺眼，还偏要说出来，仿佛是"等我一旦做了天子，一定要族诛范、赵二人"。

天下事，若要人不知，除非己莫为，话既出自李从荣之口，迟早总会溜进范、赵的耳朵。范、赵两枢密使怕了，请求外放，借以避祸，李嗣源则误以为是看到他病了，才打算开溜的，大怒道："欲去尽管去，何必上表来申请。"

范、赵看到出走无望，改走内线。赵延寿托齐国公主替他说情，证明自己的确有病。皇帝这才答应。

范延光则拜托孟汉琼、王淑妃以求放，也蒙答应。

大家忖测着"秦王之祸"迟早要发生，无不先后请求他调。

十一月，皇帝为新任成德节度使范延光饯行，酒罢问道："你今远去了，有关国家的政事，可放心说出。"

"朝廷大事，希望陛下与内外辅臣共同参决，切勿听群小之言！"范延光所说的群小是指孟汉琼、王淑妃等人。

四、带兵侍疾

皇帝的旧病复发，秦王李从荣入宫问疾时，李嗣源老是低垂着头，连抬都抬不起来。

王淑妃一再提醒皇帝："从荣在此。"

李嗣源不吭气。有一回，李从荣于问疾后退出，骤闻皇宫中有哭声，他暗想："老头子大概完蛋了！"第二天起，他即不入朝问疾，不料皇帝的病倒是好了些，而李从荣反而不清楚，于是跟其党众商议，想以武力入侍皇宫，并制服权臣，这样皇位才是他的囊中之物。于是，李从荣遣其押衙马处钧去问枢密使冯赟及枢密使、同平章事朱弘昭（按：此两位是顶范、赵二者的缺）："李从荣准备率'牙兵'入宫侍疾，且预防特别事故，请问二位，当驻于何处最为适当？"

"秦王自己做主就行！"两位枢密使不愿替人安排这种事，既而私下对马处钧道："皇帝的身体很健朗，秦王宜竭忠尽孝才是，千万不可听信谗人的浮言。"

马处钧把话原原本本转告，李从荣大怒，叫老马再度回去，改成警告的口吻："你们不爱家族吗？为什么胆敢拒绝我的要求呢？"

朱、冯二枢密使把情况向孟汉琼、王淑妃报告。

大家（朱、冯等）都认为一定要与河阳节度使康义诚合作，大事方有成功的可能。于是，他们把康义诚叫来。

康义诚不愿表示意见，只说："我是一名将校，不敢参与会议，一切听候你们的差使好了。"

朱、冯疑心他不愿在大庭广众中表明态度，乃于夜晚请其至私第，再加以探询，哪晓得"老康"始终是这么两句话。

这是朝廷方面的动态。

至于李从荣呢？他从河南府率领千余骑兵，列阵于天津桥，黎明的时候又派马处钧先往冯府对冯赟道："秦王决定今日入居兴圣宫，你们都有宗族，处事要周详公允，祸福也在须臾决定。"马又往康义诚处报告，康曰："王来，我决定奉迎。"

得到警告后的冯赟疾驰入右掖门，碰到朱弘昭、康义诚、孟汉琼等，正共同开紧急会议于中兴殿门外，冯赟先把马处钧所说的陈述了一遍，接着责备康义诚的投机态度："秦王声明祸福决定于须臾，其意图可想而知，你不要以为你的儿子在他那里而左右顾望，要明白皇帝提拔我们，自布衣起以至将相，倘使秦王一旦以兵进入此门，则将置皇上于何地，而你我还会有'遗种'吗？"

五、有自知之明的真正好天子

康义诚还未把态度表明，就有人报告，秦王已带兵来到端门外。

孟汉琼拂衣而起："今日之事，已危及君父，你还要瞻顾等望，投机取巧吗？我不敢爱此余生，自当率兵以抗拒。"即行入殿，朱、冯、康等尾随入内。孟向皇帝口头报告："李从荣造反，兵已来到端门外，一旦他入宫，宫中一定大乱。"

当听到这个可怕的消息后，皇宫中立即涌起一片啼哭声。

"李从荣为啥要走到这一步呢？"李嗣源无法弄明白李从荣究竟为啥会以兵逼宫，他复问朱弘昭道："真的有这回事吗？"

"一点也不假，已通令守门的关门了。"

皇帝指着天垂泪，对康义诚道："你去处置吧，千万不要惊扰老百姓。"

这时，潞王李从珂之子李重吉（封控鹤指挥使）随侍在侧，嗣源对他道："我与你父，亲冒矢石而定有天下，你父曾数次使我免于遭难，李从荣有个啥功劳？不料现今为人教唆，而有了这样悖逆的行为，我早就晓得这些角色不配担任大事，当叫你父来，交给他兵权。你替我把守各重宫门。"

李重吉即率领控鹤军守住各道宫门。

另外，孟汉琼已披甲上马，召马军都指挥使朱洪实率五百名骑兵出讨李从荣。

当此时也，李从荣方据胡床，坐桥上，遣左右召康义诚，报告说是端门已紧闭，从门隙中窥探，只见朱洪实带着骑兵冲出来。李从荣大惊，命先取铁掩心来穿上，坐调弓矢，不一会儿骑兵像潮水般涌来了。李从荣逃归，与妃刘氏俱匿藏于床底下，可惜床底下并非地下堡垒，终于被拉出斩首，首级被传去做证。

李嗣源听说李从荣被斩，悲骇得几乎昏倒。数度昏醒后，他的精神更为不济，老病乃告复发，且比以前更厉害。

以后就由以孟汉琼为主的大臣处理一批从逆分子，因事过琐屑，此处可以不论。

处理了李从荣叛乱的案子后，翌月（公元933年十二月）李嗣源便辞别了人间。在五代的纷扰时局中，李嗣源作为帝王能保全首级得以善终，值得大书特书。史书上说，李嗣源虽目不知书，但性情尚平和，与物无竞，他被逼登上了"天下宝座"时，已是六十开外的人。据说，每个夜晚他总在宫中焚香祈祷，祝词很坦白诚恳："我李嗣源是胡人，因遭逢动乱，被亲爱的众位弟兄推戴，而得到不应有的皇位。今竭诚希望上苍，早些诞生贤明的圣人，可使万民安泰。"

一般来说，在五代中，李嗣源是很难得的一个帝王，史家都同意把他统治下的世风称为"粗为小康"。

同一个月，宋王李从厚即皇帝位，是为后唐闵帝。闵帝在位仅一年，已有重大的事件要他处理，那又是谁呢？潞王李从珂也被"逼上梁山"是也！

六、轮到李从珂了

李从厚即位，即循着帝王的那一套手续做去，改元易朔，大赦天下。他论功行赏，尤其是对讨平"秦王之祸"的人员都赏赐有加，如擢康义诚为河阳节度使兼侍卫都指挥使，又兼侍中，判六军诸卫事，朱弘昭出任枢密使、同平章事，冯赟为同中书二品，其他各有加封。

于今，朝政全落在朱、冯二人的手里。这两个角色最嫉妒潞王李从珂和石敬瑭：一来，顾忌他二人跟随李嗣源立过不少汗马功劳；二来，李、石二人的名望比朱、冯要高得多。于是朱、冯这两个得志的小人，现专找李、石二人的麻烦。

当李嗣源抱病时，李从珂遣其夫人入朝省侍，自己不来。等到嗣源驾崩，潞王托疾不入朝，怕的是一旦离开根据地，恐有不测之祸。有人从凤翔府来，就无中生有地收集了潞王不少"阴谋"向上报告，朱、冯的初步动作是先放逐其子——控鹤指挥使李重吉，不许其重典禁兵，派其为亳州团练使。其子既出，复召其女入宫禁，因李从珂有一女名为惠明，在洛阳出家为尼，朱、冯把她召入加以监视，朱、冯与李从珂的嫌隙从此而生。

二月，朝廷调整了不少方面大员的职位。实际上，正式冲突的序幕已经揭开了。朝廷徙石敬瑭为成德节度使，潞王为河东节度使，接着又命令洋王李从璋权知凤翔。李从珂心里很是苦恼，拒绝朝命吧，然而兵弱、粮少、城池不固。怎么办呢？于是，他召参谋人员问策，有人说："李从厚（闵帝）年纪太轻，懂个鸟，一切政务全操纵在朱、冯二人手里，阁下功高震主，千万不可离开自己的地盘，一旦离开，绝无活命的道理。"

有的说："君王有命，应当遵从，现因旧君新丧，新君初立，徙迁藩镇，似不必多疑。"

在那个多疑忌、多诡诈的社会里，"不必多疑"是注定

"要讨死"的。李从珂采取了前者的建议，采用联合各藩镇共同行动的步骤，先派人去联络长安的西都留守王思同，先说以利害，继饵以美姬，如果此二者失效，则以最可行的办法对付。王思同颇有见解，硬是不吃这一套，理由是："我受明宗大恩，今若与凤翔同反，假使侥幸成功，犹被人称为'一时叛臣'，要是事情失败了，不是遗臭万年吗？"

主意既定，王思同即把李从珂派来的使者逮起来往上报。是时，李从珂的联络使多数遭受这样的后果。朝廷火了，认真地派王思同为西南部行营马步都虞候并部署征讨，率诸路大军集于凤翔城下进攻，攻克东西关城，城中死伤甚众，王思同猛攻，务在必克。

七、阵前喊话：李从珂的"发明"

凤翔的沟堑既卑又浅，防守的工具又很缺乏，大家都感到很危急。李从珂亲自登城对着城外的军士涕泗涟涟地道："我从年轻时起，一直跟随先帝出生入死，身经百战，浑身都是伤痕，才建立了今天的朝廷，诸位将士是我的同事，都是亲眼所见的，难道有半点违背事实吗？现今朝廷信任奸臣，猜忌自己的骨肉，请问我将受到何种罪责呢？"接着放声痛哭起来，城外的将士们都很同情他。

一个生性偏激的将领张虔钊不理会这一套。他主张快点攻其西南面，以白刃驱士卒快登，士兵冒火了，大声诟骂，反过来攻击他，张虔钊跃上马背，一溜烟跑了！

另外一个将领杨思权乘机大喊道："李从珂是我们的首领，请大家放下武器！"这一路军队就这么轻易地完全投降，自城的西门入。接着，杨思权摸出一张纸来给李从珂："希望你在克复京城的时候，派我做节度使，勿以为防、团。"李从珂很慷慨，立即开出委任状的"政治支票"，派他做"邠宁节度使"。

由于李从珂的"阵前喊话"成功，前线已发生了这两件离奇的事，而身为统帅的王思同却完全蒙在鼓里，还在督促士兵攻城。有人大喊道："西路军已入城受赏了，我们还打个屁？"此声一出，士兵们全部放下了手中的武器，武器落地的声响像地震一般。放下武器的意义不是等于正式投降吗？身为将帅的王思同只得偕同其他六个节度使一起溜之大吉。

胜利属于李从珂。潞王大喜，收敛城中将士吏民的资财以劳军，甚至把鼎釜等物拿来作为赏赐，因他实在也没有别的贵重的东西可赏赐呀！

李从珂掌握了胜利的契机，接着，自然是乘机反攻。他很担心西京副留守刘遂雍会与王思同合力据守，哪晓得行军至岐山时，已听说刘遂雍拒绝失败的王思同入城，这一喜非同小可，他立即派人去慰问。倾心于事新主的刘遂雍，尽数搬出府库的财富摆于城外，军士们先到者先赏，等到潞王到达时，前军全犒赏过了，于是全军都不入城骚扰，刘遂雍迎谒，李从珂慰问有加，一同入城。

在东都洛阳方面呢？西面步军都监王景从等，自军前奔还，中外大骇，闵帝不知所为，开诚布公地把肺腑之言说出，对康义诚等道："明宗死时，我不过是名藩属，诸位要挑哪个来继位就哪个，我根本无心与人争国，现既承担大业，年纪又轻，什么都不懂，一切军国大事，全操纵在你们手里！我和兄弟之间本来就没有什么龃龉，你们说这是国家大事，我能违背吗？这次兴军讨伐之初，都互相夸大，认为很容易就可平定，现今事已至此，该怎么办才能转祸为福，我自己打算去迎潞王，以大位相让，即使仍免不了要挨一刀，也是甘心情愿。"

朱弘昭、冯赟等像嘴巴生了疥疮般吭不出气，投机家康义诚打算以宿卫兵迎降。于是，他用一套美丽的辞藻来掩饰卑劣的动机："西路军的惊溃逃回，是主将的大失策，今侍卫诸军尚多，我自己前往扼其要道，召集离散，徐图后效，希望陛下不必过分忧虑。"

闵帝仍想召石敬瑭率兵抵抗，但康义诚固请自行，闵帝乃召将士亲自慰谕，把府库所有，尽数搬出来犒赏，更答应"平定凤翔府之日，每人赏二百缗，如府库不足，当以宫中古玩折算抵偿"。

士兵们高兴得忘了自己姓什么，骄横跋扈、无所畏惧地背着物品，一路扬言"到了凤翔府，更请增加一份"。

试想另有打算的康义诚，带着这样的骄兵悍卒，怎么能求胜？何况此时他还在计划诛杀"固守洛阳论"的朱洪实，军士更是愤愤。

八、难得的王思同

反过来,循西路东来的潞王李从珂已到了昭应,听说前军俘虏了王思同,李从珂蛮有容量道:"王思同虽然失策,但能尽心地忠于其职,也是了不起的人物。"车驾来到灵口,前军已把王思同解回来了。

李从珂先责备他。

王思同振振有词道:"我起自行伍,先帝提拔我,升我做将军,常常自愧无功以报明主,并非不晓得依附大王以图取富贵,而帮助朝廷总会遭到祸殃的!我只是深深愧疚,死后无面目见先帝于泉下,现今败了,要杀要戮,悉听尊便。"

"哦!"李从珂想赦免他一死。

但那些在阵前因李从珂喊话而投降的将士们偏不答应,因有人已强娶其妻妾,没收其家产了!于是,他们选了一个李从珂在"醉乡漫游"的时候,连报告也不说一声,擅自把王思同宰了,等到李从珂晓得真相后,只有"嗟惜累日"而已。

潞王的步伐逐渐向东都逼近,来到灵宝,一路唯见降旌。来到陕县,参谋人员认为京畿已近,宜做些宣传工作,借以收拾民心。李从珂遂驻扎于此,以传单向洛阳民众宣传——除朱弘昭、冯赟两族罪在不赦外,其余的一概无罪。这种宣传收效最为惊人。

那些被康义诚带来抵抗的士兵,没有一个人愿战,来到新安,将士都百十成群地丢弃武器,自动地跑到陕县去投新主。

康义诚到达乾壕时,麾下剩了数十名,凑巧碰到潞王的斥候,康义诚索性解除所佩的武器以为印信,请他们向潞王说明,一定投降。

在洛阳的闵帝听到,潞王已在陕县驻扎,康义诚兵溃,忧骇得不知如何是好,急派人去请朱弘昭。弘昭想了一想,道:"在紧急的时候叫我,那不是要了我的命吗,算了吧!"自动跳井而死。

侍卫马军指挥使安从进听到"老朱"跳井后,立马到冯府去,于其府内把冯赟宰了,并族灭其家,遂把朱、冯二人的首级,专程送到潞王那里去求赏。

九、"遇见了鬼,误以为是救星"的闵帝

闵帝在无能为力之下,拟选取三十六计的上策而出奔。一个夜幕初垂的晚上,他带了五十骑出玄武门,径奔魏州,来到魏州东数里,碰到石敬瑭,帝大喜,以为是遇到了救星。

"听说康义诚往西讨,陛下为什么奔到这儿来?"军情不大明了的石敬瑭淡淡地反问。

"康义诚早已叛变了!"皇帝毫无保留地和盘托出,这一托出,无异于"托出"自己及一行人的生命。

"唉……"石敬瑭俯首长叹了好几声。

现在闵帝不是把自己托付给石敬瑭,而是给石敬瑭带来了"苦恼的难题"。一个会动脑筋的人对石敬瑭说:"前代的'逃

难天子'虽说邪气，但逃难时总有充充场面的将相侍卫，以及府库、法物，使作下属的人有所瞻仰信赖，现在皇帝仅一个人带了五十名骑兵，你想能干些啥事好呢？"

石敬瑭老实不客气地拿这些话去质问闵帝，闵帝还能有更好的借口来作答词吗？

两个尚明大义的军使沙守荣、洪进愤而责备石敬瑭："你是明宗的女婿，富贵与共，忧患也然，现在天子逃难，寄身于你，目的当在图谋复兴，而你偏好意思以这些将相、侍卫、府库、法物去相责问，分明是想出卖天子去附贼？"沙守荣抽起刀来，准备干掉石敬瑭，其卫队长慌忙保卫，沙守荣和他格斗，败死，洪进自刎。石敬瑭的牙内指挥使刘知远——即后汉的开国者，气得像一头跳跃着的老虎，遽尔带领部队径直入内府，把闵帝李从厚的左右及从骑，一人一刀，杀个精光。石敬瑭的苦恼问题解决了，在把闵帝像扔垃圾般遗弃后，他优哉游哉、若无其事地到京都洛阳去报到了！

洛阳方面呢？李愚、卢导、冯道等正认真地讨论着如何速具"劝进文书"，然后怎样安排率领百官去郊迎新君的大问题。

潞王至蒋桥，百官班迎于路。太后命令在未拜见皇帝（明宗）的梓宫之前，未可相见，而冯道等皆上笺劝早日登基，李从珂入谒太后、太妃，再到西宫伏梓宫恸哭，对着灵柩说明要打回来的理由。冯道已率领百官来朝见了，又复上笺劝进，太后复有令，潞王李从珂宜即皇帝位。

十、做了皇帝后的伤脑筋问题

四月,李从珂循着李嗣源的老办法,在其灵柩前即位(公元934年),即后唐末帝,是后唐最后一位正统皇帝。李从珂连做梦也想不到,居然做到了皇帝。他即位后,有几件要事待处理。

在报复方面:

派王峦至卫州,鸩杀闵帝李从厚。王峦到时,李从厚已被王弘贽(王峦之父)半幽禁于州廨中,当即派设酒食招待李从厚,这是诀别宴,弘贽的态度比以前要客气得多,数度进酒。从厚知道酒中有毒,不饮,王峦等得不耐烦,假面具骤撕下来,跃起而将其缢杀。

为其子李重吉、女尼惠明报仇(此二人于康义诚出都时,被闵帝派人绞杀),诛杀闵帝之妃孔氏及其四子。

斩康义诚,诛灭其族。

在犒赏酬谢方面:

这是李从珂最伤脑筋的问题。当部队在凤翔出发时,李从珂答应到达洛阳后,每人赏钱二百缗,现在人马全部到齐,从珂问三司使,府库还存有多少钱?

"数百万!"三司使王玫虚报一通,以为一个虚伪的数字可博得皇帝的欢喜。

"全搬出来!"

王玫正式核验了一下,才不过金帛各三万而已。这怎么办呢?犒赏费起码非五十万缗不可,皇帝冒火了,为什么只有这么一点点？

王玫请稽征全京城的民间财赋来凑足数目，但也不过数万而已。

李从珂对执政的要员道："军不可不赏，但人民又不得不恤，该怎么办好呢？"

执政者请以房屋做征收税率标准，不管是自家或租赁，一律先付五个月税金给皇家。

这么一来，李从珂的苛政正式推行了，税吏、有司千方百计地去聚敛民财，结果也不过只有六万左右。李从珂很不满意，把输财迟违的人关进军巡使的狱中，而税吏昼夜督责，囚犯满狱，贫穷者受不了催缴、敲逼，在无以为生的情况下，多上吊或跳河，死者日有所闻，而战胜的军士们皆有骄色，日游于市，市民们一看到他们，就三五成群地咒骂：

"你们为新王出力死战，立功确实不易，但使我们鞭胸杖背，出钱来犒赏，你们还扬扬自得，一点也不难为情吗？"

民间的情况是如此。

在朝廷方面，皇帝已把左藏旧物，诸道的贡献、物资，以及太后太妃的器服簪珥，全部出笼，勉强才凑足二十万之数，李从珂伤透了脑筋。

十一、才、财、暴兵

某一个夜晚，轮到李专美值夜，李从珂带着责备的口气道:"人家都说你有'才',有'才'而不能替我解决这个让人伤透了脑筋的问题,试问'才'又有啥用处呢?"

"我很驽劣,因你过分的擢任才担任了现职,但'军赏'问题,似乎不在我的职分之内吧!再则,自明宗晚期以来,赏赐太多,以致养成士卒的骄奢,等到一旦有事出征,整个府库早弄得精光。纵有无穷无尽的财源,终究无法满足骄兵悍卒无穷无尽的欲望。陛下在危困之中得天下,自然是要对所部尽量加以赏赐。但要明白,国家的存亡不在赏赐的厚薄,而在于修法度、立纲纪,要是你不改变明宗和闵帝覆车的老路,我担心老是困扰老百姓,存亡可就很难说了!现今所有财力全集中于此,二十万就是二十万,只要很平均地摊分给他们,何必一定要遵守在凤翔府的'诺言'?"

李从珂认为大有道理,诏禁军在凤翔归命的,自杨思权以下,各赐二马一骆驼,钱七十缗,按级递减,至一人二十缗,那些在京师起义的每人各给十缗。

士兵们怎么会满足呢?随后有谣言风传:"除去菩萨,扶立生铁。"

"菩萨"指闵帝的柔弱,"生铁"指李从珂的刚严,悔意由此而生。

五代的士兵原就是"暴兵",他们与古罗马时代的皇帝由军中选出,复由元老院追认,统统成为惯例,如出一辙。建立在"暴兵"枪杆上的政权,如不能满足其欲望,随即有覆亡的危险。李从珂无法逃出这一自晚唐以来恶性循环的老例,是值得同情的。此一恶劣无比的坏作风,一直等到公元961年,有相当气魄的宋太祖赵匡胤借"杯酒释兵权",把石守信、高怀德的禁兵军权收回,才告一段落。

李从珂向"暴兵们"开"定期支票",替以后的"后晋、后汉、后周"那些想拥兵反抗朝廷的"大军阀们",出了一个最伤脑筋的棘手难题!

第六章

任圜、安重诲的循环斗杀

一、任圜是怎样垮掉的

　　唐明宗李嗣源是李克用的养子，出身夷狄，连他本人究竟姓什么，都搞不清楚。这样的人物，其胸无点墨、目不识丁是值得谅解的。他虽不识字知书，却无碍于是沙场上滚打的名将，从讨黄巢、打朱温、征燕、灭梁，讨乱几无役不与，当有人在自炫种种战功时，他始终不矜夸，最后只是冷冷地道："诸君是用嘴巴在击贼，我呢，用的却是手！"寥寥一句话，把其在沙场上力战的情况，形容得多有力，多真切！

　　他能爬上九五至尊的宝座，是被动的，大环境逼得他非如此不可。他登基与一般帝王不同，是服了斩衰在灵柩前面"宣誓就职"的。即位前后，他做了几件大快人心的事：

　　斩"贪污大王"租庸使孔谦，罪名为"奸佞侵刻，穷困军民"，然后把孔谦所主持的苛法完全废除。

　　罢黜诸道监军使（宦官），命诸道尽行屠杀。因宦官弄得后唐庄宗国破身亡，此是朱温大规模集体屠杀以第五可范为代表的宦官集团（公元 903 年）后又一彻底的"清扫"（公元 926年）。当这项命令在认真执行时，有好几百名阉竖窜匿到山野去避难，有的削发当起和尚来，大概有七十几人逃到晋阳，北都指挥使李从温统统把他们送上"断头台"。

族诛从马直指挥使郭从谦。

听郭崇韬归葬，复朱友谦（即被赐姓名的李继麟）官爵，郭、朱两家被没收的财产全部发还！

以上是收拾人心的大事，但现在政权在握了，他必须在政治上有所作为才行。

公元 926 年四月，他发表中门使安重诲为枢密使，镇州别驾张延朗为副使（张系安重诲的爱婿）。

五月，他发表工部尚书任圜为中书侍郎同平章事（宰相级），仍判三司。任圜忧公如家，简拔贤俊，杜绝侥幸，期年之间，府库充实，军民皆足，朝纲初立。圜每以天下为己任，唯性刚急，勇于任责，遇事敢为，故安重诲深为妒忌，此为任与安的正面冲突埋下了伏笔。

李嗣源能勤政爱民、赏廉治贪，在五代之季，明宗之世可说是"粗为小康"。唯因其目不知书，所有的奏章报告均无从阅读批示，故叫安重诲把公文的内容念给他听，可惜安重诲的学识也有限得很。于是，机智乖巧的人有了借口："我是以一副忠诚的赤心来为你服务的，枢密使的职务尚能勉强晓得，至于往古的事，我就没办法了！现请仿效前朝的侍讲、侍读，在直崇政院挑选一些有文学功底的士人，作为你的'应对之用'。"李嗣源认为可行，乃置"端明殿学士"，冯道、赵凤两人遂于此时均以翰林学士的资格入选。

任圜与安重诲的正面冲突终于爆发。关于宰相的人选问题（后唐共三位宰相），在还未公开辩论候选人之前，幕后的激烈斗争已展开。

安重诲集团的"首席参谋长"是孔循，此君自年轻时就服务于宫廷，故对宫禁中的大小故事无不知悉，对朝廷官员的起居生活、言论、品德更了如指掌。除此两大特长外，尤其难得的是他肯听从安重诲的指使。故于置相问题在暗中进行时，孔循即推出两个候选人物——郑珏、崔协。

任圜因禀赋刚直、公忠谋国，故率直地提出御史大夫李琪为候选人。

然而，没想到两大集团的候选人郑珏、李琪之间竟有过节，于是斗争的序幕被揭开。

"突击手"郑珏先来一只暗步，他对着安重诲道："李琪凭着哪一点，也想做宰相候选人？我就彻头彻尾地瞧他不起，请注意这并不是私人之间的意气用事，而是有十足的根据的。李琪的确不错，有才情，有文学，但可惜，他喜欢钱，爱收'红包'。做宰相，原不在乎文不文、学不学，只要为人端庄厚重，有气度，足以为天下士人做一楷模就行。"

安重诲默默地点头，牢记在心。

"置相会议"开了，主持者李嗣源问道："请大家不必顾虑，大胆推荐看哪个人选可做宰相。"

"御史中丞崔协。"安重诲不慌不忙地建议!

"安先生,你恐怕仍未弄清朝廷的情况吧,竟会提出这样不切实际的人物来!"任圜很不客气地正面指斥,慢慢地道,"崔协虽出身名门,可惜识字不多,我任圜既已不学,忝居相位,怎么可以又提出一个'不大识字'的人来做宰相,让天下的士子们笑掉大牙呢?"

皇帝连忙打圆场:"算了!算了!宰相系重任,咱们留待以后继续讨论吧。记得我在河东时候,看见冯书记博学多才,与世无争,大概才是宰相的适当人选吧!"李嗣源的心目中,宰相只需这样就够格。

一场"置相会议"弄得不欢而散。参加了此次会议的孔循,气呼呼地拂袖而去,嘴里嘀嘀咕咕:"天下事,一则任圜,二则任圜,任圜是个啥东西呢?要是崔协突然得'急性盲肠炎'而死,则也罢了。否则,崔协终会爬上相位的,我敢担保并绝对相信!"从这天起,孔循的"政治病"骤然来了,自动遵医嘱在家休息,有一两个星期不再上朝办公,皇上叫安重诲多方面安慰他,"政治病"才略略好了些。古今人所耍的花样,大抵相同。

从表面上看来,安重诲集团似乎是遭受到挫折,但其锲而不舍、迂回战斗的精神是惊人的,安重诲当面向任圜提出近乎妥协的条件:"现今朝廷正缺人手,就把崔协当作'预备员'补充一下,你看怎样?任宰相!"

任圜始终保持既定立场,不买账也不妥协:"阁下不采用李琪，而一定要用崔协，好比什么呢，好比'舍弃千里马不骑，却偏要骑一头跛脚骡子'，真是岂有此理。"事态的发展已没有回转的余地。孔循耍出撒手锏来，随时随地毁谤李琪，却把崔协捧到天上去。李嗣源不得已，以端明殿学士冯道和崔协同为中书侍郎同平章事（又添二位宰相）。胜利终于归到善缠善斗的安重诲集团，安重诲兼侍中，孔循也有功，升到同平章事。率直刚急的任圜失败了，一场激烈的斗争失败后，他的前途布满荆棘而危机四伏。再经一次斗争后，他的政治寿命也就接近尾声。任圜恃与李嗣源有旧，做事又是勇敢有为，故权贵嬖幸没有一个会喜欢他。按旧制，"馆券"是由户部发出，安重诲改请由宫廷大内出，于是二人在皇帝的面前正式吵起嘴来，声色俱厉。事后，皇帝回到皇宫，宫人私问李嗣源："刚才与安重诲争论的是什么人？"

"任宰相。"皇帝漫不经心地说。

"我们这些宫人，从前在长安宫中，从未见过宰相与枢密使可以这样放肆奏事的，大概没有把皇帝放在眼里吧——如果他心目中有皇帝的话。"

李嗣源听后，一肚子不舒服，但仍旧批准了安重诲的要求。

任圜被降职了，先罢三司使，相当于丢掉"财政部"的职务，接着又罢门下侍郎同平章事，宰相的纱帽也被掼了！任圜请求致仕退居磁州。任圜集团败了，正式从朝廷中退出。

有人告诉安重诲："失职外任之人，乘贼未破，可能与贼勾结为患，不如除掉吧！"这是当时最常用的定律之一。

安重诲矫诏，遣使赐任圜死！这也是最常用的定律之一。

端明殿学士赵凤哭谓安重诲道："任圜是铁铮铮的义士，绝不可能附逆的，你如今如此滥刑，哪里是赞襄国家的道理？"

但赐死的特使终于到达磁州，任圜乃聚族而酣饮，饮下李嗣源实是安重诲所赐的"鹤顶红"，毙命后神色如生，始终不变。

二、猜忌成性的安重诲

任圜集团既垮，剩下的自然是安重诲集团的世界。

接着，好戏轮到生性狡黠的孔循跟禀赋刚愎的安重诲的"斗法"——安重诲集团的派系内斗就此展开。

后唐明宗李嗣源打算让他的儿子娶安重诲的女儿，孔循认为这个"美缺"该由他的女儿来顶。孔循私下对重诲道："你职居枢密使，似不宜跟皇家缔成秦晋之好吧！"等到李嗣源真为其子求婚时，重诲竭力反对，而孔循乘机交结王德妃，阴求纳其女为皇太子之妇，德妃转请皇帝允许，安重诲气得发昏。

安重诲的猜忌与嫉妒是多面性的，似乎不惜多面树敌。他憎恨成德军节度使、同中书门下平章事王建立，奏说王建立与王都结交，可能有异志。王建立要求入朝面奏安重诲专权行状，说安重诲与其婿张延朗互为表里，弄威福，共狼狈，罪状几可盈尺。

李嗣源听后，情绪立即起变化，接见安重诲时，可没有以前那般和颜悦色："现今给你一个州镇，你自己去休息，派王建立代你的职务，张延朗也除官外放。"

　　"我安重诲披荆斩棘，跟随陛下数十年，碰上你时来运转，做到了天子，才得掌握枢密要职。数年之间，天下太平无事，如今把我降职外放，我倒想弄明白，究竟我犯了啥不赦的大罪？"安重诲惶愕地据理力争，他不甘心平白无故地由"中央级执政大臣"眨眼之间被降成地方官。

　　李嗣源理都不理，很不高兴地宣布退朝，走了！他把情况说给宣徽使朱弘昭听，弘昭道："你平时对待安重诲像左右手一样，怎么可以因一点儿小事叫他外放呢？请你好好地重新考虑一番！"

　　皇帝想想也对，把"老安"叫来安慰一通，以平抑他的怒气和怨气。

　　没有把安重诲攻倒的王建立，看人家势力雄厚，第二天便辞归回镇，安重诲算是又胜了一场，但这次却胜得好险。

　　前磁州刺史康福精通胡语，李嗣源退朝后，常常把他召入便殿，问一些当地的时事。康福完全用"洋泾浜"的话回答，有疑心病的安重诲弄不清康福搞的啥名堂，当面警诫他道："康福，你要特别小心，你在皇帝面前胡说八道，你以为我看不懂你的鬼把戏，当心你的脑袋！"

　　有权势在握的人说的话可不是玩的。康福害怕了，自动请求外放，安重诲估量着当时灵武深入胡地，在那儿的将帅多遭杀害，即发表他为凉州刺史，充朔方、河西等军节度，派他到那里去死，康福面见皇帝涕泣辞谢，皇帝命安重诲更换较适当的州镇给他。

"康福不过是一名刺史，并无特殊功勋，还求些什么？且任命已经发表，绝无已发表的任命再行更改之理。"安重诲以无比堂皇的理由来掩饰他的"坑人"毒计。

李嗣源不得已，面慰康福："是安重诲不肯更改，但我要声明，这不是我的本意。"

康福只得到深入胡境的灵武去和敌人周旋，碰碰自己的运气。安的用人行事素来如此。

三、安重诲硬是要斗李从珂

安重诲和李从珂（潞王，即后来的末帝）也有过一段不太愉快的"过节"。在真定时，李从珂跟安重诲等在一起饮烧酒，彼此三杯下肚后起了酒性，李从珂奋起老拳，要把"老安"揍一顿，好汉不吃眼前亏的安重诲，拔起腿来就跑，事情就不了了之了。事后李从珂酒醒，很是懊悔，向安重诲谢过，但安不是那种口头说声对不起就算了的人，他终身记得很清楚，有机会一定要报复。

如今，安重诲大权在握，机会终于来了。皇子李从荣、李从厚都对他礼貌周到地"敬事不暇"，而官拜河中节度使的李从珂偏不买账。安重诲派人收集李从珂的鸡毛蒜皮的琐事，添油加醋地向皇上启奏，李嗣源不理这一套，安重诲乃矫皇帝命令，谕河东牙内指挥使杨彦温驱逐李从珂出境。

那天李从珂出城阅马，回城时城门已闭锁，从珂派人叩门质问："我一向待你们不错呀，为什么会来这一套？"

"不是我杨彦温要对你不起，是受到了安枢密使的秘密命令，请你快点入朝去吧！"

李从珂暂驻扎在虞乡，派使者把情形向李嗣源说明。

"喂！安重诲，杨彦温的报告从何说起？"李嗣源当面问起安重诲。

"这是奸人的胡说八道！应当派兵征讨才是！"安重诲满不在乎地当着皇帝的面扯谎，半点也不面红。

皇帝疑惑了，决定要把杨彦温抓来当面对质。索自通、药彦稠二将在安重诲的安排下挥军从事进讨，李嗣源的意思是"生擒来面质"，但"老安"另有打算。他一面召李从珂至洛阳，从珂到后，李嗣源把他责备了一顿，不让辩白，即"使归第"，从此"绝朝请"，再也不许"谒见"。

另一面，索自通却斩了杨彦温，传首来献，李嗣源大怒："为什么不把他活活抓来，弄得死无对证？"

这着棋委实厉害无比，安重诲又胜了。凡是于他有利的事，只要略用些心机，胜利之神就投入他的怀抱，他现在可以从容布置来收拾李从珂了。

他暗示冯道、赵凤二人合奏李从珂失职，理应加罪。

李嗣源很严正地驳道："吾儿为奸党陷害，是非曲直尚未弄清楚，你二位（指冯、赵）怎么能讲出这类话，是不是不许他活在人间，想来这篇奏文，也不是你二人的本意吧！"

冯、赵二人惶惭而退，安重诲又怂恿赵凤一次，赵贾起余勇，再奏一回，李嗣源理都不理。安重诲看不灵光，只得自己披挂出阵，要求加罪给李从珂。

"哎！安重诲，请你听听清楚，从前我做一个小小的官，家里穷得叮当响，幸亏有此小儿——李从珂，天天去拾马粪，晾干来烧火，弄点开水吃吃，彼此得以活命。今天我富贵了，做到了天子，难道连患难时期的一个养子都不能庇护吗？你到底打算对他怎么样，你说吧！"李嗣源并没有避讳苦难时期的往事，他正面要"老安"认识清楚些。

机警的"老安"知道已无能为力，立即见风使舵："既是陛下父子的情感如此，我还有什么可说，请你自己裁定就是！因这是国家的法律呀！"

"叫他赋闲于私第就行！从此不许你啰里啰唆！"

"老安"仍不死心，耍出最后的撒手锏，发表索自通为河中节度使，令其于到镇之日，尽量清点军府甲仗的数字往上报，说全是李从珂私造。私造"军火"的意图不问可知，狗腿子自无不遵之理，但李嗣源与李从珂有着那么一段渊源，不是"老安"能动得了脑筋的。从珂有赖于王德妃的暗中保护，性命总算无虞，但朝廷士大夫居然没有半个人敢跟他往来，安重诲的炙手可热，不难想象到了什么程度。

四、风水轮流转

久专大权的安重诲猜忌心很重,树敌既多,度量又不大。在无法攻倒李从珂后,时势反过来了,有人说他要造反,王德妃及武德使孟汉琼就是他的死对头,重诲也或多或少地感觉到害怕了,请求解除职务。

皇帝加以慰留:"我绝对相信你,那些诬告你、构陷你的,我统统宰了,你放心就是。"

"我以寒微起家,忽为人诬告造反,要不是有赖陛下贤明,早已被族诛了!但我才薄任重,恐怕终究不能压抑人家的谣言浮语,愿求一镇外放,以了余生。"

李嗣源不答应,"老安"屡求不已。

李嗣源火了:"要去,只管去,难道我会怕无人来担任?"

长兴元年(公元930年)十二月,东川行营都招讨使石敬瑭受命征蜀,安重诲想立大功以自显,请自行督战,皇帝批准。翌年,"老安"正式启程。

安重诲道经凤翔。凤翔节度使朱弘昭是安的马屁客,他能争得大镇,全靠安一手提拔。现今"大恩人"来临,朱弘昭躬亲拜迎于马头,亲送至迎宾馆,然后复延入寝室内,出妻妾子女罗拜,进奉酒食,礼节之恭,等于侍候着"第二衣食父母"一样。

"老安"感动了,泣诉着被谗人构陷,几乎有坐牢的危险,幸赖皇帝明察,才得保全宗族云云。"老安"以为对亲人讲真话，可博取他的同情与慰藉，但在那个不知廉耻为何物的时代，尤其以吹拍逢迎起家的人物如朱弘昭，立即感到"安重海的政治前途完了！"因之，等到把"老安"送出凤翔府城，朱弘昭忙向李嗣源递上紧急情报，说："重海满怀怨望，一路上尽是散布对朝廷怨怼不满的言论，千万不能叫他到前线的行营去，否则石敬瑭的兵柄一定会被夺去，而让安重海叛变成功。"

朱弘昭又送信给石敬瑭："安重海举措很孟浪，假如让他来到军前，恐怕将士们会震骇于他的诡论，那时部队当不战自溃，你最好设法阻挡他，千万别让他来。"

不明实情的石敬瑭看后大惊，立即上书，请皇帝召安重海回京，不然恐军情有变。同时，时任宣徽使的孟汉琼恰巧自西部归京，也做口头报告说，"老安"一路怨气冲天。于是，皇帝有诏，急召安重海还京！

五、无法避免的下场

春二月，重海得诏，亟归重过凤翔，朱弘昭理都不理，更不许其入境。朱弘昭前恭后倨，先后判若两人，安重海略略有点明白了，仍然驰骑东还。

赵凤看出事态严重，当面向李嗣源报告："重海是陛下的家臣，他是忠心耿耿的，不可能会叛变，但以不能周防，致为人所谗，如皇上再不谅解他，那他是死无葬身之地了！"

已有成见的李嗣源不理这一套，认定赵凤是安重海一党，替他游说，很不高兴。

李嗣源下令解除安重诲枢密使职务，随即召见被软禁多时的李从珂，泣对其苦难的养子道："要是听从了安重诲的意见行事，今天哪能再见你的面！"立即任命李从珂为左卫大将军、西京留守。

来到河中的安重诲，突见其二子安崇赞、安崇绪逃奔而至，惊骇万分，问道："你们为什么逃来？"不等他俩回答，他立即摸清了问题的核心，叹道："噢，我明白了！逃难绝不是你们的本意，为人所迫罢了！假如以死殉国，还有啥可说呢！"乃把二子捆绑起来，以书表说明送还京师。哪晓得第二天有宦官到，一看到重诲，就号啕大哭起来，重诲莫名其妙地催问是啥道理？

"大家都说你要叛国，朝廷已派步军指挥使药彦稠带兵来逮捕你了。"

安重诲道："我受国家大恩，一死不足报，怎么敢有异志，来麻烦朝廷派兵抓人，如此不是罪愆更加重大吗？"

其子安崇赞等被械送到陕县时已有诏令，关在大车里，不必再送回都。

皇城使翟光邺是"老安"的死对头，李嗣源派他到河中监视"老安"。秘密的任务是"要是安重诲果有异志，立刻诛杀"。光邺到河中后，着李从璋率士兵包围安的寓所。李自入见，叩拜重诲于庭前，重诲大惊，降阶答拜，就在这刹那间，李从璋突奋出其沉重有力的左勾拳，"老安"血流满面，踉踉跄跄地倒下去。他的老妻张氏在惊惧中，慌忙地奔过来抢救，李从璋也一并给她同样有力的一掌。上了年纪的人，怎么承受得住呢？很自然地扑倒在老安的身上，"老安"夫妇一起完蛋了。

罪名呢？事后有诏补充公布："安重诲离间孟知祥、董璋、钱镠。"

查考安重诲的为人处世，不能容人，嫉贤害能，死固有其余辜，但其帮助明宗十余年，在五代中，实差强人意，于今李嗣源轻轻地安上"离间"二字，就算他的罪状，怎能叫冯道、赵凤之流服帖呢？

后 晋

(公元 936 年—947 年)

第七章
"儿皇帝"石敬瑭

一、李、石的互相猜忌

　　李从珂即位时,石敬瑭像甩掉废物一样地摒弃在卫州的李从厚而入朝。在表面看来,石敬瑭似乎是归顺,但他是万不得已的。盖他俩在李嗣源时代,原是以勇力善战著闻的同事,而今因缘际会,一个贵为"九五之尊",一个却矮了大半截,必须山呼万岁,站在一边,听候差遣。过去是同行相妒,目前是尊卑分明,故石敬瑭心中着实不大受用。入朝后的石敬瑭不敢申请归镇,有人劝李从珂趁机把他软禁起来,有人主张最好不必猜忌,免生嫌隙。刚好"老石"抱病多时,形状羸瘠,仿佛痨病鬼一样,李从珂有些大意,自以为"'老石'跟我很亲密,而且是青年时代的患难之交,不信赖石郎还信托哪一个",仍旧派他为河东节度使,让其归镇。

　　在那个动荡不安的时代,一点小小的星火,如不及早地予以扑灭,所造成的后果往往是不堪设想的。目不知书的李从珂,他对于战争可能很内行,但一朝政权在握,要好好地处理政务，可就不太简单。而朝臣似也多不注意，真是无可奈何的事。下列各事，由于李从珂的疏忽，酿成无可弥补的损失：公元936年春，李从珂以"千春节"置酒大请客，晋国长公主（石敬瑭的老婆）上寿毕，辞归晋阳，李从珂半认真半开玩笑地道："为啥不多待几天，这么快就要回去，难道要跟'老石'一同造反吗？"这些话传到石敬瑭的耳朵里，他怎么受得了？

盖石敬瑭自归镇后，先派出其二子为内使，而曹太后——晋国长公主的母亲——的左右全被石敬瑭高价收买，故李从珂的一举一动，事无大小，他莫不清清楚楚。

还有先一年的发夏衣事件。李从珂遣使赐夏服给军士们，军士们都高呼万岁好几遍。石敬瑭很不高兴，有人主张把那几位首呼口号的"报销"掉，刘知远立斩李晖等三十六人。由此可见，石敬瑭早已形成一个独立的军阀集团。

如今，石敬瑭老是上表自称老病，请解除兵权，以试探朝廷的态度。有的主张接受其申请，移镇郓州；有的主张慎重，不可轻移，免得逼其走入极端。

某一个夜晚，轮到薛文遇值夜，李从珂私下和他谈起这个"移镇与否"的问题。

"俗话说得好：'筑室道谋，三年不成。'这移不移的大问题，你应拿定主意才行，群臣只是顾家小，为自己打算，哪个肯为国家进言，以我个人的意见是'河东镇移也反，不移也反，不过是时间问题，不如先下手吧'！"

薛文遇提出自己颇有见解的意见。

皇帝听后大喜:"完全符合我意见,不论成功或失败,决定移镇!"不大识字的人素来是迷信的,李从珂先前曾听术士说过"国家今年应得贤佐,出奇谋,定天下"。想来大概是在"老薛"的身上吧!主意既定,移镇的制诰即行颁布——移石敬瑭为天平节度使,宋审虔为河东节度使。

制诰颁布,两班(文武官)闻呼石敬瑭名时,相顾失色,似都嫌李从珂太过于鲁莽从事。

二、以做"儿皇帝"为荣的石敬瑭

现在,问题的核心东转,轮到石敬瑭做出选择了。他紧急召开"参谋会议",说明事态的严重性:"我再度回到这儿来,李从珂曾当面答应我'终身不除代',现今突然来了这样的命令,恐怕真个是应了今年'千春节'时和长公主所说的话——要造反了吧!我不会造反,大家都明白,然而朝廷逼得非造反不可,要不然的话,哪有束手待毙的道理?我一再声明老病,来观察朝廷的本意,假如肯宽谅我,那没有什么话可说,我当然乐事皇上,一如故旧,否则,咱们另行打算吧!"

一时之间,有的主张"打",有的主张"移",都押衙刘知远开腔了:

"老将军带领士兵,久受士卒拥戴,于今据有居高临下的地理胜地,兵强马壮,要是真的揭竿起事,国人响应,则皇帝的大业可成,为什么让人家发表了一纸文书,而轻易移镇、投入虎口呢？"

节度掌书记桑维翰提出更独特的标准奴才意见："李从珂称帝，你马上入朝称贺，难道他不明白'蛟龙不可纵于深渊'的大道理吗？但他到底仍让你安全归来，这就是'天意'！天意是不可违的，违天必不祥，人人都明白！而李嗣源的遗爱尚在人间，从珂以养子的资格，能够继承大统吗？人心群情不附，是显而易见的，你是明宗的东床快婿，今反遭李从珂的猜疑。不论从哪方面来说，'谢罪'是无法逃过灾厄的，还是力求自救的万全之计吧！契丹向来与明宗约为兄弟之邦，其部队分布于燕云各州之间，倘使能'推心屈节'以父祖事之，则万一有急难，早晨呼救，傍晚救兵准可赶到，有什么可怕的呢！"

一席甘心做敌人走狗的奴隶理论，把石敬瑭说得心花怒放，从此定为"国家政策"——决心事敌。

石敬瑭造反行动定在五月，由昭义节度皇甫立奏上去！这是晴天霹雳的讯息。接着石敬瑭的表也来了："养子不应嗣位，请传位于许王（李从益）。"李从珂气得浑身发抖，把其表撕得粉碎，扔在地上。接着一连串的征讨行动铺开了，剥夺石敬瑭官爵，调兵遣将发表各路军马讨伐，以张敬达兼太原四面都招讨使，以义武节度使杨光远副之，张敬达将兵三万营于晋安乡。有些投机的将领，竟叛归石敬瑭。

大军压境了，石敬瑭按照桑维翰所定的政策施行，遣使求救于契丹，草表是桑维翰起的，向契丹称臣，愿以"父礼"事之，约定事成之日，割卢龙一道及雁门关以北诸州（即燕云十六州）奉送，"割地事夷"自此始。

　　大将刘知远深不以为然，谏道："称臣就可以，以'父礼'行事，未免太过火了吧，且咱们愿意以金钱绢帛作赏礼，准可得到其帮助，不必答应割让土地，否则，恐怕他年变成大患，到时懊悔也来不及了。"

　　石敬瑭不理会这一套。横竖他已抱定主意，不做"儿皇帝"决不称心。

　　契丹主耶律德光得到这种优越的条件，焉有不允之理，复书云："候仲秋，倾国以赴。"

三、汾曲之战

　　张敬达筑长围以攻晋阳，始终无法攻下来，时多风雨，长围复为水潦所浸坏，竟不能合围。而晋阳城中，石敬瑭亲自登城，坐卧于矢石之下，粮食虽告匮乏，但以刘知远调度得当，用法无私，故人无二心——这是一个成败预象的对照。

　　九月，耶律德光将五万骑，号称三十万，自扬武谷而入，五十余里旌旗不绝，至晋阳立阵于汾北之虎北口，先遣人对石敬瑭说："我今日破敌行吗？"

　　"南军人数甚众，不可轻侮，明天再战不迟。"石敬瑭急派人回话，使者未到，契丹已与唐军交战了，石敬瑭连忙派刘知远出兵援助。

　　此时，张敬达的部队列阵于城西，北山下，契丹遣三千骑兵，不披甲，直犯其阵，唐军见其羸弱，争相扫逐。至汾曲，契丹骑兵涉水而去，唐兵循岸追赶，不料契丹的伏兵，自斜里杀出，把唐军切为二截，在北岸的步兵全被屠杀，在南边的骑兵引归晋安寨，契丹纵兵攻击，唐兵大败。

这天夜晚，石敬瑭亲自去叩谢契丹主，耶律德光紧执敬瑭的手，大有相见恨晚之感，敬瑭问道："皇帝远来，士马疲倦，马上能与唐战，并能一战而胜，是啥道理？"

"我从北方来，事先假定：唐一定先切断雁门关各路，伏兵于险要等地，那我就无法进兵了，但据探马报告，皆无伏兵，我因而长驱直入，知大事必能成功。两兵既接，我方气锐，彼方士气低落，若不趁此急攻快打，旷日持久，则胜负很难料定，这就是我的亟战而胜，不可以一般的'以逸待劳'的常理来判断。"耶律德光得意扬扬地分析着。

石敬瑭甚为叹服。从此张敬达的晋安寨反被石敬瑭与契丹包围，长达百余里，宽度五十里，并设立索铃吠犬。任何人，跬步不能过，张敬达手下尚有五万步兵、万余骑兵。

李从珂闻讯大惊，派赵德钧为东北面行营招讨使兼中书令，救晋安，但老赵另有打算——老想做"儿皇帝"第二，屯兵不进。皇帝深以晋安之围为忧，问计于群臣，有人主张派李赞华（即东丹王突欲）为契丹主，令天雄、卢龙二镇，分兵送他回去，作为册立的傀儡，则契丹必有内顾之忧，然后选募军中的精锐奋击反攻，这不失为解围上策。但此事议而不决，自然无从付诸实行。李从珂更沮丧了，天天酣饮悲歌、长吁短叹,有些人劝他"北行亲征",他已把壮志消磨殆尽了:"你们再也不要提'老石'了,一提起他,我就心胆欲裂。"

皇帝还能够做些什么呢?只能来一次强迫征募"义军运动"。皇帝有令,征收天下将吏及民间的马匹,每七户出"征夫"一人,须自备"铠仗"——换句话说,除军常服、军便服外,还须自带武器,粮食一项似也未能例外。这样惊天动地的"征集令",仅收得二千余匹马和征夫五千人而已。史书说得客观,在实际上,这是"无益于用"的,而民间却大扰特扰了!

四、"儿皇帝"登基

世事看来已成定局了,援军赵德钧屯兵不进,哪怕有皇帝的诏书一再催促,也毫无作用。洛阳方面一筹莫展,皇帝消极得天天抱住"酒坛",晋安围得像铁桶一般,于是耶律德光要提拔石敬瑭了,道:

"我三千里来赴难,一定会成功的,看阁下的气度容貌,见识胆略,完全像个'中原之主',现在,我很高兴地要立你做'天子'。"

石敬瑭不好意思地辞让了几通后,就见风转舵了。爱凑热闹的将吏们对那种"蔚为风气"的老习惯早已谙熟,慌忙联名上表劝进,到了这个地步石敬瑭还能躲过命中注定的"儿皇帝"吗?与其扭扭捏捏,不如索性高高兴兴地接受!"老石"最想得开。

耶律德光作册书,命石敬瑭为大晋皇帝,自解衣冠替他披身,筑坛于柳林,当天即皇帝位。"儿皇帝"也装模作样地改元、大赦、封功臣、敕令、立法……一切全循着封建的老一套依样画葫芦。

儿皇帝为了感谢"父亲"的"恩惠",当即割幽云十六州给契丹作为"谢恩地",并每年输送绢帛三十万匹。

能在中原建立傀儡政权的契丹,真的强盛到无人敢撄其锋吗?否!他们也是银样镴枪头,据说其大军虽驻扎于柳林,但其辎重老弱全在虎北口,每到日落西山时,常结束停当,准备若事发仓促即遁逃,回到老巢去!倘使唐将赵德钧辈能认真地为国出力,则其部队距离晋安仅百里左右,怎会弄得消息不相通,且按兵不战,坐看张敬达等部被吃掉?细考其用心及动机委实卑鄙,赵德钧趁此时机,正面要求发表其子赵延寿为成德节度使,理由是如延寿在镇州,左右实便于接应云云。

李从珂以书反问:"赵延寿正在击贼,怎么会有工夫去坐镇镇州?要当成德节度使,也只有等到贼平了之后。"

但赵德钧全不理会这些,仍然求个不已。

"这是啥意思,老是欲得镇州,倘使把胡骑击退,则把我的帝位拿去,都无所谓,要是'玩寇邀君'的话,恐怕都当死。"皇帝说得蛮有理。

赵德钧可不高兴了!

闰月,他的宝贝儿子赵延寿耍了一套"政治花样"来瞒满朝文武,献上"契丹主所赐诏及甲马弓剑",说是"赵德钧遣使致书于契丹主,为唐拉拢关系,劝说耶律德光早些带兵归国"。但实际上呢?赵德钧有一封机密文书送给契丹主,答应以更优厚的金帛给他们,只要对方立他为帝——也就是"儿皇帝"——请即以其兵南下平定洛阳,与契丹约为兄弟之国,附带的补充条件是"仍许石氏常镇河东(即山西)"。

争相要求做"儿皇帝"的人物这么多,倒弄得耶律德光大为困扰,他很想趁此答应,因为契丹本身也有困难在:其一,孤军深入,晋安未下;其二,赵德钧所部尚强;其三,范延光在东面,对其构成严重威胁;其四,山北诸州如截断其归路,不但前功尽弃,而且从此可能一蹶不振。契丹权衡了一下,很想答应,因从各方面看来,这都是可行的条件。

"儿皇帝"石敬瑭的情报是灵通的,当听到契丹跟赵德钧在"谈判条件"时,他大为恐慌,立派干练的掌书记桑维翰前往做说客:

"大国举义兵以救孤危,一战而唐兵瓦解,退守一栅,食尽力穷,等着被瓮中捉鳖!我们君臣很是感谢!我们听说赵德钧父子——这对不忠不信的贼臣,怕大国之强,继而按兵观变、投机取巧的角色,居然想搬出谵妄的言辞来欺骗你们,拿一些薄弱的甜头来给你们尝,使贵大国陷于不义之地而功败垂成!请注意一点,要是我们晋国得了天下,将把全国的物资拿来奉献给你们,哪里是他们那么一点点的微利所能比拟的?"

"喂,桑维翰,你总看过逮老鼠吧!要是自己不做预备,老鼠会啮伤捕者的手,何况老赵还是一个强敌!"

"贵大国已扼住老鼠的咽喉,它怎么能咬人?"

"不是我国有意要破坏前约,只是在兵家权谋上,不得不采取这样的办法!"

"大皇帝以信义救人之急,四海之内,人人注目,怎么可以随便改变既定的政策,使大义不终呢?我认为贵大国是千万不能随便更改的。"说罢,马上变成矮子般朝着帐前跪下去,自早晨至晚上,涕泗横流地啜泣,完全是一副申包胥泣秦庭的模样。

耶律德光大受感动,终于答应,对着另外一位站在帐前的赵德钧使者道:"我已答应'石儿'皇帝,除非门前这块大石头烂了,才会改变政策。"

"石儿"皇帝的使者,屈膝、跪拜、猛磕响头、哭泣竟日,终于胜利了。相反地,赵德钧那一派的"做功",却表演得不够精彩、逼真,致使有人(如赵德钧者)要求做"儿皇帝"也不可得了。

五、晋安围寨的情况

赵德钧一心一意想做"儿皇帝",跟契丹在"讲斤两",故屯兵不进。这一下,晋安围寨内的将士们,可够凄惨了!寨子已被围好几个月了,粮食刍草一天天减少,士兵们只好"削柿淘粪"来饲马。马儿呢,自相啖吃,马尾与鬃都光秃秃了——成了无尾无鬃马,一旦死了,将士们马上宰来分吃。曾有几名勇敢的将领，领兵出去突击，结果寡不敌众，败退回来，半点办法都没有。

有人主张既然救兵不来，索性向契丹投降吧。秉性刚强、素有"张生铁"之称的张敬达，立刻加以拒绝："我受明宗（李嗣源）及当今皇上（李从珂）的厚恩，做到了统帅，于今战败，罪已是够大了，何况是投降？我想援军迟早一定会来，大家还是等一等，要是到了势穷力尽的那一天，你们把我的头颅砍下来，去为自己的前途及幸福打算，大概还不至于太迟！"杨光远以目视安审琦，审琦不忍下毒手，一幕叛变暂行按下。

另一将领高行周，早就晓得杨光远的意图——想暗杀张敬达。高行周常带些壮骑，暗中保护他，张敬达被弄得莫名其妙，反而怪他，张敬达常对人说："高行周老是跟在我的后面，不知是什么用意！"好心的高行周听后，再也不敢做暗中保护的工作了。

围寨之中，每天早晨，总有一次汇报。那天，高行周迟到，杨光远认为机会难得，乘敬达不备，抽刀自背后猛砍，张敬达终于死在自己部下的手中。不！该是死在赵德钧的手内才较为合理。行凶者遂率诸将士上表降于契丹。

耶律德光做了一阵劳慰的工作，并赐裘帽，半开玩笑道："看来你们都是大坏蛋，也不用盐酪，就啖食了万余匹战马。"

杨光远听后很不受用，盖在围寨中，的确是啖食了那么多马，其苦况可想而知，故赵德钧父子之罪真是"上浮于天"。

耶律德光很敬重张敬达的忠心为国，命收其忠骨而致祭，并对其部下及晋将训话:"你们做人臣的,要效法张敬达将军。"

契丹头子对"儿皇帝"道:"桑维翰尽忠于你,应当派他做宰相。"桑维翰就成为中书侍郎,其他各等官衔不表。大局的发展趋势,是战胜者须引兵南下了,军行进至团柏,赵德钧、赵延寿先遁,逃到潞州。其他战将也遁逃,士卒大溃,互相腾践,死者以万计。

洛阳方面听说前军大败,人心大震,居民四出,逃窜山谷。一场暴风雨已无可避免地要降临了。

六、被耶律太后"上课"的赵德钧

晋安围寨投降后,耶律德光收五千匹战马,铠仗五万副,悉数搬运回国,把唐将全交给石敬瑭,训话道:"要努力地尽心服侍新主人!"

那位原本很忠心、暗中保护张敬达将军的高行周,此刻也是石敬瑭的将领了。他被封昭义节度使,石敬瑭知道他与赵德钧是同乡,叫他去劝降。投降、叛变,在五代史上,平平淡淡的不算一回事。高行周特备酒食,来到潞州城下,要求与赵德钧父子对话。城墙上,姓赵的父子出现了。高行周道:"咱们都是老乡,说话要坦坦白白,城里已无半颗米可守,我看你们还是降了吧!"求做"儿皇帝"的人,本身原无半根骨头,听后完全符合心意,问题就此解决。契丹主耶律德光与石敬瑭随即来到潞州,赵德钧父子拜迎于高河。耶律德光慰谕了一通,搂着未来第二号"儿皇帝"赵德钧及其子拜见第一号"儿皇帝"并请安:"分别后,石皇帝的龙体健康否?"石敬瑭想起他是援军的主帅,又是二号"儿皇帝"的前嫌,理都不理,连颔首都不曾有。契丹主子追问赵德钧:"你在幽州所置'银鞍契丹直'在哪儿?"赵德钧立以手表示,耶律德光命尽杀之于西郊,凡三千人。

三千名作为"契丹克星"的健儿就此"报销"!

接着赵德钧的命运也转入另一阶段,因耶律德光有令:"锁赵德钧、赵延寿送归其国(到契丹去)。"

投降而实同被俘虏的赵德钧,被押去拜见述律太后——舒鲁氏,一个很有远识的女政治家。赵德钧按俘虏的礼节拜见过后,即献出所带的宝物及其田宅。

太后接过礼品后放在一边,劈头问道:"你为什么要到太原去?姓赵的!"

"奉唐主李从珂的命令!"

"你秘密地向我儿要求做天子,怎么可胡说八道?"太后很瞧不起这么个无骨头的人物当面说谎,以手指其心房:"说话要有良心,良心是不可欺的。"

"……"

"我儿将南下时,我提醒他道:'赵大王(即赵德钧)如带兵北向渝关,你必须赶快回来,太原千万不可救。你想做天子,为什么不先把我儿打败,然后再来做也不晚呀!你是人臣,背负自己的主人而不能击敌,居然想乘乱邀利,行为如此卑鄙,你怎么还有面目活下去呢?"

"……"赵德钧像得了"禁口痢"般,死也不吭气。

"你的宝物器玩都在此,田宅土地呢?"

"在幽州!"

"幽州现在是属于谁的?"

"属太后!"

"那就好啦!属于我的,你又拿来献什么?"

"……"赵德钧仿佛"哑狗"般作声不得,他大概是有些明白了,被述律太后上了终身最有意义的一课。

七、玄武楼悲剧

晋安寨既瓦解,潞州城又失,"石儿"皇帝乃长驱南下,只要渡过黄河,后唐的灭亡就指日可待了。洛阳方面的布防已无济于事,在人心浮动、个个想迎新主表功的心理慑服下,变节投降的日有所闻。宣徽南院使刘延朗率领千余骑行至白马阪行战地,突有五十余骑渡河奔于北军,向"石儿"皇帝方面去投降。一些将领对守住河阳的马军都指挥使宋审虔道:"要打仗,什么地方都行,何必待在这儿。"妙论一出,宋审虔马上放弃阵地,回到洛阳。当李从珂与几名将领想恢复河阳时,将校们皆已"飞状迎帝"。石敬瑭就怕李从珂逃往西都,到时又须费一番手脚,故他先遣契丹千骑扼住渑池的去路,从此天地虽大,李从珂就别想逃了。实际上,李从珂绝不想走,他倒是满有种的。

当渑池被扼的翌日，李从珂与曹太后（李嗣源之妻）、刘皇后、雍王李重美及宋审虔等，携着传国宝，登上玄武楼，放火自焚，后唐遂亡。后唐历四主，共十四年。刘皇后想想，心有不甘，拟放一把野火，把皇宫烧掉。李重美劝她理智些："新的皇帝马上就要来到，他肯待在简陋的民房吗？他又要劳民伤财地再去建，何苦呢？咱们已是将死的人了，纵有'遗怨'在人间，为什么不在行为上表现得更'漂亮'些？"刘皇后接受了这个为民着想的意见，乃不叫放火烧。

多了不起的一对临大难而理智清纯的年轻人呀！

王淑妃对着曹太后道："大事不好了，咱们还是躲起来避避风头吧，等待姑夫（石敬瑭）来吧！"

"我的子孙妇女，一旦到了这种地步，还有什么心情和面目再活下去？你要躲，听便吧！"临死还很从容镇静的曹太后，断然予以拒绝。

王淑妃与许王李从益躲于球场内，得免于难。

当天夜晚，石敬瑭进入洛阳，回到自己旧日的府邸去歇脚。

唐兵皆解甲待罪，"儿皇帝"说一律免究，无罪。本来就无罪，不过国亡未能守土，似乎也可说是罪吧。

石敬瑭指定天宫寺为契丹兵的别馆，城中肃然，士民避乱者逐渐回归。

中书侍郎、同平章事、判三司张延朗过去不想河东蓄积财力，凡财赋除留下应用外，有半点盈余，也要尽收入京。石敬瑭恨之入骨，入京之日，张奔逃到南山，被捕后立即被斩首。后来，始终找不到担任三司使（财政）的，才开始有点懊悔。

十二月，石敬瑭亲至河阳，饯送契丹兵归国。

八、"儿皇帝"的天生媚骨

做了两年儿皇帝，石敬瑭感激知恩。公元938年秋，石敬瑭上尊号给耶律德光及述律太后，以冯道为太后册礼使，左仆射刘煦为契丹主册礼使，备卤簿、仪仗、车辂，诣契丹行礼。

石敬瑭事契丹主比侍奉自己的爹娘还要孝顺恭谨，奉使称臣，称契丹主子为"父皇帝"。

每逢契丹的使者来时，石敬瑭总在别殿拜受诏敕，每年除献金帛三十万外，凡有凶吉庆吊，岁时赠遗，玩好珍异，相继于道。从太后、元帅太子、南北二王、韩延徽等大臣皆有赂赠，稍不如意，特使马上前来叱斥，石敬瑭总是和颜悦色地道歉。晋的使者到契丹朝贡时，对方爱理不理地讲几句俏皮的风凉话讥讽一通，使者回来报告后，朝野都感到十分耻辱。石敬瑭认为这是小事，不应该介意。恰恰相反，其恭顺的态度直线上升，半点也无倦意。是故，终其一世，石晋与契丹的情谊水乳交融，了无嫌隙，真是难得之至。

后来，耶律德光屡次禁止石敬瑭上表称臣，但令书称"儿皇帝"，如家人礼，石敬瑭自无不照办之理。

公元938年冬，契丹遣使奉宝册，加"儿皇帝"为英武明义皇帝。

石敬瑭特遣兵部尚书王权为特使，到契丹谢尊号。王权累代将相世家，感到很可耻，推辞道："我老了，一身都是病，实在无法向穹庐的犬羊们屈膝投拜。"一句话点痛了石敬瑭的"心病"！皇帝的自卑心和无名火旺了，决定以后再也不给"老王"升官——王权坐了"停官罪"。

王权不在乎这个！因他浑身尽是铮铮铁骨，有骨头的人怎会向"犬羊们"投拜？

第八章

权势涨落的范延光与杨光远

一、由"黑吃黑"到自戴皇冠

晋安寨被围，赵德钧屯兵于团柏谷口，观望不进，除一心想做"儿皇帝"第二外，还意图吞并河东道东南面行营招讨使范延光的部队。此时，范军实构成契丹东线的严重威胁，要是彼此肯通力合作，同心为国，则后唐的国事仍大有可为。无奈，范延光自己另有打算，这打算出在他的迷信上。

在他微贱时，一个江湖术士看过他的长相后，断定他将来一定可做到将相，这使他乐得轻飘飘的。后来他果然是富贵了，接着又做了一个怪梦，梦见一条蛇爬入腹内，他再去请教那位术士，术士说得妙："蛇者龙也，帝王之兆。"范延光对于终为人下的"臣子"也感到无法满足了，也想尝尝做帝王的滋味。

等到赵德钧败北，范延光自动从辽州撤退到魏州。他的另一阴谋就在这儿耍出，他一面向石敬瑭奉表请降，一面半公开地实行杀人越货的强盗勾当。

原来成德节度使董温琪，为人贪暴，积资盈万，以牙内都指挥使秘琼为腹心。不幸,家资巨万的董温琪跟赵德钧一行全成为契丹的俘虏。管家的秘琼为财起意,杀尽"老董"一家,统统埋在一个坑后,骤成为盈万巨资的新主人,并自称为成德留后(官名)。

范延光摸清这一张底牌,有意邀秘琼合伙,做些"无本生意"。专差限时专送的信寄出后,秘琼不表示可否的意见。朋友之间尚且不该如此,何况是江湖上跑的人物?因此,范延光气得睁着怪睛,想找机会杀他。机会终于有了,秘琼要到山东去,必须经过范的辖区魏州。范延光乃遣兵把他在夏津干掉,往上报说是"夏津捕盗,兵误杀秘琼"。好在石敬瑭天生不欲理会这类琐事,于是范延光以"黑吃黑"的手段,正式成为积资巨万的真主人。

有了资本后的范延光,一面聚卒缮兵,补充训练;一面悉召巡内刺史,做些文事封官的准备工作。朝廷方面呢?石敬瑭正忙着迁都到大梁去,宰相桑维翰竭力反对,因大梁距离魏州太近,不过十驿,如果发生变故,叛军朝发而夕至,迅雷不及掩耳。石敬瑭不予理会,照迁不误,不过在迁都后,为安抚范延光,特把他进爵为临清郡王,以示有福同享。

但王总比帝小,王怎能满足想称帝的范延光的欲望?何况临清郡王手下尚有大批人马也想过过高官厚禄的将相瘾呢!范军府内的牙将孙锐即是首脑人物,他联络了一批好弟兄,趁着老范抱病之际,要求他造反称帝。原先有了梦蛇入腹的预兆的范延光,自无不乐从之理。能做做皇帝总是好的,哪怕只有一天或几个小时。

于是，随着情势的发展，正面冲突是无可避免的！大梁的石晋打出的王牌是，以侍卫使杨光远为魏府四面都部署，张从宾为副，杜重威屯卫州，高行周屯相州，采四面包围之势。

张从宾从河南发数千兵进攻，但他本人立被范延光的"银弹攻势"收买过去，反而挥兵入洛阳，尽取库内钱帛以犒赏士兵，然后东扼汜水关，将逼汴州。事态演变至此，范的形势为之一振。

大梁方面就像当年听到李存勖的大军要来的时候（公元923年）一样，再度陷入恐怖的氛围中，人心惶惑，一官半职在身的无不面有忧色。唯独桑维翰从容擘画军事，神色自若，接待应对宾客不改常态，起了若干安定作用。

张从宾进攻汜水，杀了石晋的巡检使。石敬瑭慌了手脚，穿上戎服，带着轻骑兵，准备逃难回老家晋阳去。桑维翰说什么也不让他走，叩头苦谏："贼锋虽盛，势难持久。请稍待一个时期，千万不可轻举妄动。"石敬瑭这才待了下来，时局又略告稳定一些。

范延光的第二步是"蜡丸攻势"，派谍报人员，潜入大梁府，对失意兼失职的官员，只要甘心做内应，许以富贵封爵（官爵等全封在蜡丸内，用意一在保密，二在防水湿，此制为唐代颜真卿所创）。很有些人颇愿意接受，惜后来均被破获，这一运动无甚功效可言。

二、暴兵拥主

石晋的另一支征讨部队,由符彦饶与白奉进分别率领,驻扎于滑州。在这儿发生了一件在当时原是寻常的事,但由于处理失当,最终变得不寻常。

有五个士兵(三个属白部,二个属符部),合伙去做抢劫的生意,当晚案发,治军严谨的白奉进统统按照军法从事,尽数斩首。符彦饶晓得这桩事后,认为他不先通知自己,就鲁莽行事,是一项侵犯职权并藐视他的举措,大为光火。天亮后,白奉进带着几名从骑亲自到符部谢罪,不料符的怒气仍未消:

"各有各的部队,你怎么能擅自把我的滑州军也斩了?难道连'客主'的意义都搞不清楚吗?"

"部下犯法,国法从事,还有彼此之分吗?再说我已引咎前来谢过,而你的火气仍老大,莫不是想跟范延光采取同一路线?"说罢,白奉进头也不回地径出营门,符彦饶也不假惺惺地相送。符的部下们很激动,大声叫嚷,在失去理智后追赶出来擒杀了白奉进。

白的从骑回来报告后,营部大闹开来,人人穿起战衣、手执武器,准备报复式地厮杀一场。

奉国左厢都指挥使马万欲率兵作乱,但又不知如何做才好。

右厢都指挥使卢顺密,率其部兵出营,厉声对马万道:"老符私自杀了白将军,他一定与魏州有来往!这里距离行宫才二百里,咱们的士兵家属全都在大梁,为什么不想报国,而愿意自求灭族呢？今天咱们共同把'老符'逮住，送到京都去立功。弟兄们听着，从命者赏，违命者斩！"

马万的部队尚有乱呼乱跃的，卢顺密马上宰了几个，其余的都不敢动了。马万不得已，跟着卢顺密走，共攻牙城，逮住符彦饶，械送京师。符彦饶被斩于班荆馆，不必调查，不必审问，罪状更无须公布。在那个黑白不分、是非不明的时代，横竖总是他该死。

滑州大乱，杨光远要带部队前来，弟兄们的胃口大了，要推光远做天子，宣布独立，自行成立朝廷。不料杨光远暂时无此胃口，道："皇帝？皇帝是你们做买卖兼耍把戏的玩意儿吗？晋安寨的那一幕（指杀张敬达）是万不得已，要是现在又反，才是真正的反贼哩！"一幕暴兵拥主的活剧，因其主帅的假意不从，才暂告停演。

三、大老虎变小老鼠

当时，魏、孟、滑三州俱叛，大梁人心惶惶。石敬瑭问刘知远该怎么办。

"怕什么？成败自有天命，你在太原的时候，只有五天的粮食，结局呢？现今天下大势已定，内有劲旅，外有强邻为援，那些鼠辈又能有啥伎俩可施？我倒希望你用恩惠来抚慰将相，我用威严来弹压士兵，恩威并施，包管无事。"

石敬瑭果真按着刘知远的计划做去，使杌陧不安的政局初告稳定。而刘知远本人,则搬出全套军法,绝不马虎,更不通融。有一军士,盗纸金一幞,被主人逮到,左右请求原谅,下不为例。刘知远有其独特的拒绝理由:"我杀的是这种行为,不讨论其价值的大小。"将其立即斩首,从此弟兄们都畏服。

恩威并用之下,石晋的后方稳如磐石。此时,前方又传来两场决定性的胜利,这无异于把石敬瑭的皇冠用钢丝再度箍牢。

两场决定性的胜利分别如下。一是杨光远的六明镇之捷。范部的冯晖、孙锐于渡河时,被杨掩杀,斩首三千级,余多溺死。一为杜重威、侯益的氾水关之捷。此战俘斩张从宾部万余人,张乘马渡河溺死,氾水关被克复。

大势至此,范延光才有点明白,自己的"帝业"前途并不太光明。于是,他先给败军将领孙锐扣个帽子,然后将其族诛,再遣使向石晋奉表待罪。石敬瑭当然不买账,因为他彻头彻尾地明了"天无二日"。

杨光远乘胜围攻范延光,公元938年秋八月,冯晖又战败投降,并说明范延光已食尽穷困,铁定无法再守下去了。

但范延光仍守了一年多,杨光远无法攻下。不得已,石晋方面遣使入城谈判,说是石敬瑭答应把范延光升到更理想的大藩镇去,外附誓约:"要是因为投降而杀了你,则天诛地灭,石晋早日完蛋!"

范延光对于石敬瑭向来注重信用很有几分把握,对人道:"石敬瑭说不死,就一定不会死!"他想撤掉防守,继又迁延不决，经朝廷的再度保证后，范延光穿上白衣，迎接石晋的诏书，他的"皇帝梦"至此总算醒了。

接着是入朝叩拜、被封，石敬瑭果然赐给他"铁券"，其部下一律不问，对张从宾、符彦饶的余党也一律宽赦。就在宽赦中，连一只杀母的枭獍——李彦殉也被赦过。李彦殉是河阳行军司马，自从一官附身后，从未对其在家乡的父母有过"甘旨之奉"。他跟着张从宾同反，从宾败，他逃奔到石晋。后来，他依附范延光，范派他为步军都监，让他守城。杨光远在未能攻下广晋的时候，派人到李彦殉的家乡，把他老母抓来，推到城下，拟以"阵前喊话"的方式叫其子来归。不料，根本无母子之情可言的李彦殉拉起箭来，瞄准其亲娘就是一箭。李将军是神箭手，这一箭正好射中心脏地带，他的老母亲在抽搐一阵子后，只有到地府"按铃申诉"了。如今，范延光投降，官爵未动，李彦殉也同例升迁，官坊州刺史。有人把李彦殉杀母这种罪恶滔天的情况向石敬瑭报告，素无是非观念复怕李又叛变的石皇帝却有自己的看法："赦令既已颁布，千万改不得。"因此，石晋仍派李彦殉去上任。

范延光在朝廷做了两年太子太师后，要求退休，回归河阳老家，石敬瑭没有不准之理。天福五年（公元940年）八月，范延光携带着搜刮来的民脂民膏回老家去享福。但河阳是属于其死对头西京留守杨光远的辖区，杨光远向他学到一手，也要出"黑吃黑"的一套。杨一面垂涎于范的财货，一面为子孙除后患，遂向石敬瑭报告："范延光是叛臣，不待在洛汴而出就外藩，恐怕他一旦故态复萌，逃入外国，则结果不堪设想，不如早点把他的户口簿报销吧！"石敬瑭偏不答应，杨光远退而求其次："把他迁到西京（长安）去。"石敬瑭允许了，范的命运就此注定。

大权在手的人物——杨光远教其子杨承勋率兵包围范宅，逼令范延光自杀。

范延光不服帖，道："皇帝亲赐给我铁券，你们父子怎么可以违背皇帝的'特许证'？"

杨承勋觉得，在这种年头讲理、讲"特许证"全是多余的，他拔出雪亮的白刀，要姓范的跟着走，在摆渡时，把范延光扔到河里去了。范延光苦心经营得来的资财，无条件地过户到杨光远的名下去了。

事后，杨往上报告"范延光惯作'弄潮儿'，'弄潮儿'一朝不惯，终于灭顶"云云。石敬瑭心里满明白，但怕杨光远跋扈，故不敢追究。

范延光像一只小老鼠般溺死在河里。

翌月，石敬瑭论围魏之功，封杨光远为东平王，徙平卢军节度使。

后来，因为朝廷向他讨还二百匹马的事，杨光远反叛，他学会石敬瑭的一套，联络了契丹，自老巢青州（今山东省青州市）出发，进攻棣州，被该州刺史李琼击败，退保老根据地。

宋州节度使李守贞率步骑二万，会同各路进讨青州，契丹与李守贞相拒于澶、魏之间，后被李守贞击败，契丹遂无法与杨光远会合。

青州被围，城中粮刍俱尽，饿死者占大半，杨光远天天瞩望着契丹的救兵，但救兵始终不来。杨光远遥向北方的契丹稽首道："皇帝呀皇帝！你误了杨光远啦！"

他的儿子们都劝他投降，投降仍可保全家族的生命，但杨光远偏不答应，最有力的理由是"我从前在代北时候，曾以纸钱祭天地，人们都说我准会当皇帝的。你们还是等着瞧吧"。

他的大儿子可忍受不了，斩掉那个劝杨光远"造反"的角色，传首级给围城的李守贞，然后纵火开城，把"老头子"劫出，上表待罪。

朝廷感到这件事很棘手，杨光远罪大恶极，应予极刑，但诸子归命，难予显诛，怎么办呢？还是付给李守贞"便宜从事"吧！

李守贞也以"老杨"对付范延光的那一套，原封不动地拷贝一次，遣人把他"拉杀"。

第九章
终究没有好下场的"儿孙王朝"

一、一个始终反对"儿外交政策"的人物

石晋是辽太宗耶律德光在中原扶植的第一个傀儡王朝，儿皇帝小心翼翼地奉事契丹，唯恐其主子——父皇帝不称心，从而不敢有一丝一毫的拂逆。稍稍有点智识的都认为这是奇耻大辱，但儿皇帝"顺孝天性"，彻头彻尾地事之，"曾无倦意"。

石敬瑭的外交政策，固然由于其奴隶天性，然而大半应归因于其宰相桑维翰。

成德军节度使安重荣最瞧不起这种浑身无半根骨头的"儿外交政策"，安重荣是胸无点墨、出身于行伍的大老粗，难道他也懂得民族大义？当然不是！他有他自己的一套想法、看法和做法，他常常对部下训话："皇帝有啥了不起！现在要做皇帝很容易，只要'兵强马壮'立刻就可做到。"在他那率直、粗鲁和简单的想法里，"兵强马壮"是通往"金銮殿"的重要途径，用不着拐弯抹角兜圈子，走"之"字式的冤枉路。事实上，在那个狼烟遍地、以刀剑决定是非黑白的时代，这种想法

也有几分"真理性"在。

他的府廨前面有一根高达数丈的幡杆,他以这个来预卜他的"皇帝梦"是否能提前达成。他拉起弓矢,对左右道:"如果这一箭刚好射中杆上的龙头,那我准有皇帝命。"结果一发而中的,安重荣就此飘飘然起来。

安重荣坐镇成德后,一面尽量诱惑那些被石敬瑭奉送给契丹的吐谷浑人——他们正苦于契丹的贪虐而思归中原,安重荣投其所好,双方一拍即合;一面以箕踞谩骂的态度去侮辱契丹的使者,甚至派出伪装的"特工"在路上把他们干掉。接着,他遣轻骑掠幽州南境,驻军于博望;另上表给石敬瑭,表上倒是大义凛然的教训:

"陛下屡敕臣承奉契丹,勿自起衅端;其如天道人心,难以违拒,机不可失,时不再来。诸节度使没于虏庭者,皆延颈企踵以待王师,良可哀闵。愿早决计。"然后即斥责其父事契丹,"竭中国以媚无厌之虏"。他把这种"表"写了一大批,还分别寄给在朝的新贵及各藩镇。

不敢面对现实的"儿皇帝",避重就轻地以封建的老一套及利害来作答:"尔身为大臣,家有老母,愤不思难,弃君与亲。吾因契丹得天下,尔因吾致富贵,我不敢忘德,尔乃忘之,何耶?今吾以天下臣之,尔欲以一镇抗之,不亦难乎?宜审思之,无取后悔!"

安重荣认为自己是对的,即着手去做,他逮到契丹的使者,以非人道的方法将其处死,半是报复,半是挑衅。石敬瑭知道后，诚惶诚恐地派特使前往幽州谢罪。特使到达契丹的牙帐时，耶律德光暴跳如雷："凭什么把我的使者弄死得这么惨，你们还号称文明之邦？"

公元941年，在安重荣决心独立之前两个月，他辛苦诱惑来的吐谷浑部，被刘知远的亲将郭威（即后周太祖）骗走了。情势虽如此，却未影响安重荣反抗朝廷的既定决心。该年十二月，安重荣集合境内的数万饥兵，指向邺都。石晋派杜重威为招讨使，两军相遇于宗城西南，安重荣布下偃月阵，杜军两次攻击均未奏效，后来杜军改攻左右翼及径冲中军，偃月阵垮了，安重荣匿于辎重中，其军队被冲杀斩首一万五千余人，最后只剩下十余骑走还镇州、婴城自守。

翌年正月，镇州牙将导官军入城，安重荣被执并处斩，传首级至邺都，石敬瑭恨他轻启衅端，命人用漆漆后，派专差送到契丹去谢罪。

这幕短剧，安重荣虽演得既短暂，又不够精彩，但从某些角度上看，其一贯反对"儿外交政策"的看法和精神，是堪资后人借鉴的。

二、"儿皇帝"谢幕，"孙皇帝"上场

做了七年"儿皇帝"的石敬瑭，终因未能讨好其主子而常遭斥责，致使他忧郁不知为计，最后，不得不循着人生轨迹而谢幕。弥留之际，他单独召见冯道，命小儿子石重睿出拜，并

令宦官把他抱置在冯道的怀抱，意思很明显，希望"老冯"能竭股肱之力，尽可能地把他扶正。冯道是个只要有官可做就行的人，满脑子都是荣华富贵，行为上多是投机取巧。他分明懂得这是"托孤"的意义，却装作完全不懂，连吭一声都懒得吭。因此，当石敬瑭的棺材钉尚敲得叮当作响时，他接受了侍卫马步都虞候景延广的意见，认为国家多难，宜立长君，这个长君即齐王石重贵——后晋出帝。齐王得立，景延广的确花费了一番心思，石重贵感恩立报，将其擢为同平章事，政权落到景延广的手中。

问题来了，"孙皇帝"登基，该向其"祖皇帝"怎样报告？大臣们都认为应按照旧例，奉表称臣，告哀于契丹。景延广独持异议，主张"称孙不称臣"（按："臣"字似有摆脱傀儡政权之意，而"孙"字则只是名义上的隶属，其实差不多）。

李崧主张面对现实："屈一己之身为国家，有什么可耻的呢？要是坚持这般，则必须好好地准备跟契丹做生死存亡的决战，那时恐怕后悔都来不及呢！"

长乐老冯道不表示意见，持中立态度。在五代中，他看得太多了，故一向如此。他最懂得中庸之道的个中诀窍，并信守不渝地执行着。

于是，在正反两种主张中，石重贵的一票起了决定性的作用，他投向了宰相，政策就此定局。

契丹大怒，在看到"孙皇帝"的书后，立遣使前来责备：

"为什么事先没有做'承禀'，就自作主张即位？"

景宰相看到对方盛气凌人的态度，火了，也用极不客气的口气把它挡回去。石晋跟契丹的关系，第一次产生了裂痕。

这时，契丹的卢龙节度使赵延寿，老是感到他老爸赵德钧未能做成"儿皇帝"有莫大的遗憾，竭力想做点克绍箕裘的工作。如今，他认为时机来了，力劝耶律德光征伐中原，石晋的王朝该由姓赵的来代替，德光也认为是该换一换，才较为像话，战端就此开启。

一意孤行、不明敌情的景延广又做了一项加深破裂的大事，使敌人有了充分的借口，事情的经过如下。

有一名名为乔荣的牙将，跟随着赵延寿一起投到契丹去，契丹把他派为"商业代表团团长"，驻扎于大梁。当然，因为职务的关系，"乔团长"常往来于晋辽之间。乔荣在大梁有很像样的楼房，有大量的物资。景延广看得眼红，对石重贵道："先把契丹的'乔团长'关禁闭，财产物资应没收充公，凡是在晋国境内的契丹人尤其是做买卖的，统统宰掉，财货就是咱们的，怎么样？这是无本的生意。"

持重的大臣们认为，如果这么一来，乱子可闹大了，都认为不妥。最后景延广将政策改为驱逐出境，财货则照样没收不误。被驱逐出境的人物循着外交的惯例，在礼貌上来向景宰相辞行。

景宰相摆出相臣的样子，予以教训道："听清楚！回去对耶律德光说：'儿皇帝'是你们一手捏造的，故奉表称臣。现在的'孙皇帝',则是我们拥立的,所以至今仍旧委屈地对北朝称'孙',这是不敢违背'儿皇帝'所签订的盟约,因此,邻国称孙是足够的,决无再称臣之理!在这儿,我要特别提醒你们,千万不要再听信赵延寿狂悖的'疯语',而瞧我们不起,我们的士卒骑兵,你是曾亲眼见过的,怎么样?对付契丹总不成问题吧!如果'祖皇帝'发脾气,要打尽管放马过来,孙儿有'十万横磨剑',足以在战场上'招待',到那时如为孙儿所败,被天下人耻笑,懊悔也来不及了!"

狡黠的"乔团长"本就忧惧财货被没收后,回去准得"吃排头",且欲留一点"证据",乃客客气气地请求:"请宰相多多原谅,生意人满脑袋所记得的,尽是'开门七件事',此外什么也不易记住,何况是很重要的外交用语呢!能不能请'秘书先生'写成一张字条,让我带回去交代,这样不论从哪方面来说都较为妥当。"

景延广素无外交经验,果然叫人写成外交文件给他。

这个文件使得两国从此正式决裂、兵戎相见,以战场的胜负来决定口头和会议桌上的是非曲直。石晋的命运从此注定,因为目光短浅的人不可能看得那么遥远!石重贵认为景延广有"定策之功",宠冠群臣,又总宿卫兵。景延广也沾沾自喜,但一般较有远见的人,如桑维翰、李崧、刘知远等都认定是祸不是福。桑维翰认为,应谦辞以谢过,景延广认为不合时宜,大事乃定。

三、"横磨剑"政策

青州节度使杨光远趁着这难逢的时节叛变，他愿意做"儿皇帝第四"，要求契丹大举南侵。

一心想做"儿皇帝第五"的赵延寿也竭力撺掇，耶律德光乃集合五万精兵，派赵延寿为主将，侵略中原，并诳他道："假使抓住孙儿石重贵，当立你做皇帝！"

赵延寿浑浑噩噩地信以为真，因为当他在北方时，德光常指着他对从晋国来的人说："这位是你们未来的新皇帝。"如今，大军权落在他手内，他得为主子多多卖命才好。

公元944年，赵延寿引五万骑进攻贝州，立陷，各路告紧。

石重贵派景延广为御营使，自行出征，至澶州。一切用兵战略、号令皆由景出，宰相以下皆无所预。唯石重贵仍遣使求修旧好，德光的复书是"已成之势，不可改也"。

战事既无可避免，则唯有勠力从事于战争，下列三役，石晋意外地取得全胜。

其一，归德节度使高行周、河阳节度使符彦卿等将领败契丹于戚城。

其二，义成节度使李守贞等将领败契丹于马家口，斩俘数千。耶律德光在初得贝州和博州的时候，尚假惺惺地抚慰其人民，耍耍拜官、赐服等花样，等到戚城、马家口败后，他的真面目立即暴露，愤恨万分，把所有俘虏一律屠杀，抓到军士则用火燔炙。晋军得到契丹虐待俘虏的消息后，无不义愤填膺，合力杀贼。

其三，耶律德光自将十余万攻澶州，两军苦战，自晨至暮，死伤不可胜数。黄昏之后，契丹引退三十余里。这场硬仗总算是硬着头皮苦撑下来，因石重贵命中合该还有一段短暂的好日子可过。

从前方回到京师的后晋出帝，认为这回召寇启衅，景延广应负全责，实际上是惮其跋扈难制，桑维翰又指控其当戚城危急时坐而不救，景延广在前方"大捷"下反而被掼了乌纱帽，出为西京留守，职位交给桑维翰。桑出任中书令兼枢密使，事无大小，悉以委之，数月之间，朝廷差治。

从此，景延广郁郁不得志，遂日夜纵酒来麻醉自己。

这次因契丹入寇，国库全部用光，朝廷派使者三十六人，分道搜刮民财，皇帝授以"封剑"，有生杀予夺之权。这类使者，背后跟着吏卒，携带锁械、刀杖，深入民家，百姓无不惊惧万分，求生不得，入地无门。州县的官吏复因缘为奸，致投缳跳河者，往往是以家为单位。人民处境的凄惨，宛如挣扎于十八层地狱。

四、榆林店遭遇战的小插曲

公元945年，契丹入寇相州，义成节度使皇甫遇与濮州刺史慕容彦超，将数千骑作尖兵前觇契丹，至邺县，将渡漳水，突遇契丹兵数万，晋兵且战且走，至榆林店，契丹大规模地压阵而至。

皇甫遇与慕容彦超商议了一阵："再往前走,恐怕一个都不会留下,不如打吧!"于是停下,布阵,自中午至傍晚,力战百余回合,相互杀伤甚众,皇甫遇的坐骑战死,改为步战,其仆杜知敏以其所乘的马给主人,皇甫遇乘马再战。久之,围稍解,但杜知敏已被敌人俘去,遇道:"知敏系义士,不可弃!"复与彦超跃马冲入契丹阵,抢回了杜知敏。

不一会儿,契丹又出新兵来战,二将对部下道:"情势逼得我们走,但是走准是死路一条,与其不光荣地死,不如以死报国。"

天色将晚,安阳"总司令部"方面感到非常诧异,派出的尖兵全无回音。正纳罕间,一逃骑回来报告被围兼奋战的经过,安审琦立即引骑兵出救,有人主张要慎重,审琦道:"成败在天,万一失败,当与之同。假使暴寇不南下,而坐失皇甫太师,我们还有啥脸面去见天下人?"遂逾水而进,契丹望见尘起,即行撤围而去,皇甫遇等人安全归来,军中无人不敬佩二位将军的机智英勇,相州因之得以保全。

契丹在败退时,士兵都自相惊告:"晋军全来了!"耶律德光在邯郸,即时北遁,不再宿,至鼓城。

北面副招讨使马全节向石重贵报告:"据投降的说,敌虏不多,宜乘其散归部落的时候,大举径袭幽州。"晋出帝认为说得有理,下诏亲征,从大梁出发,出滑州。

马全节等诸军依次北上，诏北面行营招讨使杜威[①]，以本道兵马会合马全节进军。杜威等诸军会合于定州，攻克泰州，契丹八万余骑突然如潮般涌到，杜惧，往南撤退，陈军于阳城。就在阳城，激起一场生死战，叨天之幸，晋胜。

五、阳城之捷

两场交战下来，晋军小挫，退至白团卫村，埋鹿角（军中寨栅，埋树木外向，圆围如阵之谓）为行寨，契丹围之数重，并以奇兵出袭，断绝晋的粮道。

这天，东北风大起，其势强烈如台风，破屋折树。

营中在掘井，刚掘到水源，辄崩，黄土高原就是这个最伤脑筋，士兵们用帛蘸泥水，一点一滴绞来饮，人与马俱交渴，到天快亮时，风力尤强劲。耶律德光坐于奚车内，对其部下道：

"大家注意，晋军只有这么一小撮，把他们统统逮起来，然后直驱南下，攻取大梁。"即命铁鹞（契丹的铁甲精骑）四面下马，拔鹿角而入，奋短兵以击，又顺风纵火扬尘以助威势。

敌人在采取行动，这边尚未闻有所动静，军士们莫不愤愤，放声大呼："都招讨使为什么不下令攻击，叫我们白白等

---

① 杜威，即杜重威，石重贵即位后，为避石重贵讳遂改名杜威。——编者注

死！"诸将都请求出战。

"慢郎中"杜威仍旧持重地道："等候风势稍缓后，再做决定。"

马步都监李守贞再也按捺不住："他们人多，咱们人少，风沙之内，谁也无法知道谁多谁少，唯有力斗的准获胜，这是天叫大风帮助我们，要是等到风停，恐怕你我都没命！"随即大叫道："诸位将军，一同击贼去！"回过头来，对杜威道："你好好地守御，我以中军决死战。"

另一边，马军左厢都排陈使张彦泽也在开紧急军事会议，众将的意见是待风势稍定后再决战，彦泽以为然。诸将退出后，马军右厢副排陈使药元福独自留下，对着张彦泽道：

"此刻部队都饥渴难忍，要是等到风定，恐怕你我全变成俘虏！敌人料定我们不能逆风而战，应出其不意出击，此即兵者诡道，怎么可以墨守成规呢？"

符彦卿也很赞成这项意见："与其束手待擒，不如以身殉国。"

于是，张彦泽、药元福、符彦卿及皇甫遇，出精骑自西门进攻，诸将陆续继至，契丹退却数百步。

在阵前，符彦卿问李守贞："我们是采取来回游击，还是直前奋击较易取胜？"

"形势如此，不能采游击，要长驱直入才行！"

符彦卿等人跃马而去，风力比以前更厉害，昏晦如黑夜，彦卿等拥万余骑横击契丹，呼声动天地，契丹大败而逃，其势如山崩。

李守贞亦令步兵尽拔鹿角出斗，步骑俱进，追奔逐北二十余里。

契丹铁鹞既下马，仓促不能复上，皆委弃马及铠仗，遍地尽是，其他的散卒逃至阳城东南水上，稍复布其行列。

杜威此时反有主意，或许是福至心灵吧，道："贼已破胆，不应使他们再有布阵的余力！"遂尽遣精骑出击。

契丹兵皆渡水北去，耶律德光乘奚车逃了十余里，追兵还在追，他改乘骆驼逃脱，杜威等退保定州。

德光逃回幽州后，以这回失利追究职责，把所有的将领统统拖出来打屁股，唯独赵延寿一人例外，其深长的用意，为下文作张本。

六、和与战

从公元943年至945年，后晋与契丹连战三年，战场开辟在黄河下游，烧杀掳掠，庐舍荡然，石晋疲于奔命。而契丹也同样吃到战争的苦果，人畜死亡，生产力递减，人民也同样怨声载道，人人厌战。

下面是述律太后和耶律德光之间有关国事的闲聊：

"叫汉人来做契丹的'大人'①，行吗？"述律太后提出一个

---

① 大人系契丹部落的领袖，耶律阿保机即系八部大人。

种族问题来考问"小学生"德光。

"不行！"

"既然不行，你为啥老想做中原的主人？"

"石孙皇帝忘恩，无法忍受！"

"你纵然得了汉人的土地，自己不能待。万一蹉跌，后悔还来得及吗？"这是老母教训儿子不能把野心搞得太大。接着，她对臣僚们道："汉儿不会长睡不醒的，自古以来，只闻汉和番，不闻番和汉，汉儿果能回心转意，有心要谈和，你们千万不要错失时机！"

在幽州是如此，在大梁也差不多。桑维翰是彻头彻尾的"主和派"，石重贵有些心动，派使称臣诣契丹，卑辞谢过，不料德光又摆出"祖皇帝"的臭架子来，附开二条件：

其一，派景延广、桑维翰做专使，亲来求和。

其二，割镇州、定州。

这时，石重贵被阳城之捷冲昏了头脑，认为契丹已吃了败仗，战败国哪有反开出条件之理。算了！和平被一阵"热昏之风"吹走，战神依旧两脚踩着大河南北。后来，汴京陷（公元946年），耶律德光入大梁，私下跟李崧道："倘使景延广、桑维翰等特使那时北上，则和平准成定局。"

七、幸胜的不幸

严格说来，阳城之捷对石重贵来说倒是一种不幸，一来他开始藐视契丹的力量,二来他的生活迅即腐化起来,很多纰政和大错均于此后由他一手铸成。

第一,宠信嬖幸。端明殿学士、户部侍郎冯玉,宣徽北院使、权侍卫马步都虞候李彦韬皆挟恩用事,二人均恶中书令桑维翰,专门诽谤攻击桑的工作。事后,石重贵命冯玉出为户部侍郎兼枢密使,以牵制宰相的职权。而李彦韬生性纤巧,是一个地道马屁客,专与嬖幸相结,以蔽塞皇帝的耳目。石重贵就喜欢这类人物,对其宠信有加,甚至于升黜将相,都少不了他的意见。李彦韬常对人说:"我不晓得朝廷设立文官有个啥用,且待我澄汰一番后,统统把他们扫出去。"

第二,一任贵戚侵渔。久镇恒州的顺国节度使杜威性极贪残,自恃是贵戚,所为多属不法,每以"备边"为名,聚敛掊克吏民钱帛,以充一己私藏。当他听到辖区内的富室有什么珍宝奇货时,当他听到辖区内的人家有漂亮标致的姑娘时,或有较良好的坐骑的时候,他可以仍旧是官——法官,替人家扣上帽子后,抄家、没收、充公;他也可以变成匪——土匪,派手下人去抢夺,去打劫。总之,你的就是他的,只要是他看上眼的话,谁也管他不着。

对于手无寸铁的老百姓,杜威总是现出大老虎的派头,但对着强盛的敌人,他又现出"绵羊"的样子。只要契丹数十骑入境,杜威立刻闭门守阵。这类敌骑入境的目的原不外乎打掠劫夺,当他们有所斩获——事实上绝少时间是空手而归的——而驱逐所掠的汉人千百及携带大箱小箧,累累然经过他的辖区城下时,他只会瞪着怪眼干看,然后紧闭眼睛默思。这个睁一只眼、闭一只眼的方面大员,从来无意派兵截击,更从未有过一趟的邀袭,敌人因而放心地干、肆无忌惮地干。所以,在杜威辖境内的村镇,千里之间,暴骨如莽,村落殆尽,庐舍为墟。杜威的兵是他私人的,从不做救民驱敌的工作。

这么个东西,怎会得到军民的爱戴?杜威见军民两怨,又畏强敌,乃多次上书请求入朝,准备换环境,石重贵不答应,他遽行"弃镇入朝",朝廷感到骇异,桑维翰主张乘机把他废掉,免得有后患,出帝说:"杜威,是朕的密亲(姐夫),不可能有异志。"

不可能有异志的杜威被派为天雄节度使。荏弱、畏葸、怯敌畏难,残民以逞的角色反而升了官,石重贵的内政不问可知!他到任后,那些偏裨将领们均向他看齐,学会了他那一套,从此杜威饮酒作乐,边防要务,管他的。

第三,爱享受,讲究排场。石重贵认为阳城一战能追亡逐北,天下从此太平了。于是,他放纵私生活,骄奢淫逸,怠懈政事。是时,四方所贡献的珍奇全归皇家内府,他多造器玩,扩充宫室,崇饰后宫。其昌泰华丽的程度,为近朝所不及。皇帝特设立一座织锦楼,用数百名技工专织"地衣"(即地毡),由此可见一斑。同时,石重贵又跟优伶搭上了关系,捧角捧场,赏赐无度,要开销多少,就报销多少,国库是他私人的。

桑维翰看不下去,开腔道:"前些日子抵抗胡虏,战士重伤的只不过赏几尺布而已,现今优伶一谈一笑,只要中意称旨，往往是赏绢帛论匹，钱万缗，还有锦袍银带等物，这个鲜明的对照让战士们晓得后，他们会不会很绝望地说：'我们亲冒白刃，断筋折骨，和敌人拼个死活，倒不如人家的一谈一笑！'如此一来，士无斗志，全部解体，请问你将派哪个去保卫国家以及保卫你？"

只图目前声色之娱的石重贵不爱听这些堂而皇之的大道理。因为眼前有酒，为啥不醉？眼前有色，为啥不娱？至于明天，管他的！世上能有几人不活在"现在"而活在"明天"的？

以逢迎起家，能承风希旨的冯玉看出石重贵与桑维翰不和的苗头后，对桑维翰多方构陷排挤。凑巧，他把自皇帝方面得到的一段平常新闻，经过"曲意加工"后，就活灵活现了！石重贵龙体有点违和，桑维翰遣女仆入宫问起居，太后因问女仆："皇弟重睿近来读书否？"石重贵听后，问冯玉道：

"这是啥意思？"

"大概在动你的脑筋吧！"（意指废立）

一句轻轻的但也极有分量的话，立把桑维翰的宰相纱帽摘了下来。桑维翰被降为开封尹。

打抱不平的人对冯玉道："桑维翰是石晋的开国元勋，今既解除其相职，也应当派个较像样的大藩镇给他，怎么可以派一个小小的开封尹呢？"

"大藩镇吗？造反怎么办？"

"桑维翰是儒生，儒生能造反吗？"打抱不平的人反问。

"他可能不会造反，但鼓动别人反，这些惯例是儒生的看家本领呀!"

桑维翰从此和石重贵要打一次照面都成问题,等到契丹已渡河,大梁告急,人心惶惶、莫知为计的时候,他仍忠心耿耿地希冀能跟石重贵好好地谈一谈。但当时,石重贵正在御苑中调鹰,忙着呢,自然无法接见。他又到达相府拜见执政大臣,相臣以为书生之见,大不以为然。桑维翰在碰了一鼻子灰后,唏嘘地对着亲近的人道:"石晋已不血食了,完啦!"

第四,情报不确,轻启战端。有人自幽州来,说是赵延寿有意归国,枢密使冯玉、李崧等信以为真,派人潜行送书,延寿的复书是:"久处异域,思归中国,乞发大军接应,拔身南去。"辞旨恳密,朝廷欣然,竟与为期约,此系石晋君臣天真的一面。

契丹使瀛州刺史刘延祚诈降,刘寄信给乐寿监军王峦,说城中契丹兵不满千人,乞朝廷发轻兵袭击,己为内应云。又道"今秋多雨,自瓦桥(关)以北,积水无际,契丹主已归牙帐,虽闻关南有变,地远阻水,不能救也"。

王峦与杜威屡奏,瀛、莫等十六州乘此时机可收回。相臣多以为然,石重贵乃决心发大兵迎赵延寿。

公元946年十月,石晋以杜威为北面行营都招讨使,李守贞为副,其他各路节度使以次随军讨贼。且看下敕的榜文:

"专发大军,往平黠虏,先取瀛、莫,安定关南;次复幽燕,荡平塞北……"末尾是悬赏:"有擒获虏主者,除(官拜)上镇节度使,赏钱万缗,绢万匹,银万两。"

杜威等至瀛州，城门洞开，寂若无人，盖刘延祚早已潜逃北去，杜威等不敢进，遣骑将率二千骑追赶，骑将败死，杜等立行撤退。转进至恒州，依理在最前线，应提高警觉，审度敌我情势，以备进取才是，但他不，依然饮酒作乐，罕议军事。石晋把全军命运及国家命脉交给这种烂污的角色，不亡何待！

八、司令爱龙袍，将军爱气节

杜威的大军驻于距恒州五里外，不进。奉国都指挥使王清，向杜威建议："逗留在这五里外干什么？营孤势必自行崩溃，我愿带两千步兵为前锋，夺桥开道，各位将领陆续而进，只要进入恒州，则平安无事。"杜威许诺。王清挥军战甚锐，契丹不能支，退却，诸将请以大军继后，杜威不许。王清已渡河，建背水桥头堡而力战，彼此互有杀伤，屡向总部求救，杜威忍心不遣一骑以救。始终等不到救兵的王清，对着部下道："上将握兵，坐看我们被围困而不救，分明是预作投降的打算，我们今天决心以死报国！"众军士大受感动，奋战愈勇，没有一个后退的，全军两千余人完全玉碎。

滹沱河以北的壮士们全部壮烈牺牲，滹沱河以南的杜威、李守贞辈正忙着屈膝，杜威潜派腹心诣契丹牙帐，邀求重赏。耶律德光骗使者道："赵延寿威望素浅，恐不能做皇帝，如果杜威愿意的话，则这顶'皇冠'就给他。"杜威高兴得忘记了姓名，想不到他也会捡到一顶皇冠，那么能做"儿皇帝第五总是好的，老丈人石敬瑭不是已有先例在吗？

军事会议召开了，将领们很兴奋地与会，但杜威却摸出一张"降表"来，要求大家签名，诸将面面相觑，谁也不吭气，但结果却功德圆满，人人唯唯听命。杜威命令所有战士出外排阵，战士们以为要战斗，很高兴、踊跃地参加，不一会儿，杜威登坛训话："咱们现在食尽途穷，我当替弟兄们想个求生的好办法，这个唯一的好办法是'放下武器，咱们投降吧'。"

战士们无不恸哭，声震原野。

接着杜威、李守贞把石重贵臭骂了一顿，听的人无不切齿。

耶律德光派奴才赵延寿穿上赭袍来到晋营慰抚士兵。杜威以下皆迎谒于马前，于是一件赭袍又加到杜威的"临时龙体"上，这是戏剧，是耶律德光有意骗奴才卖命的假把戏，除奴才外，谁也认真不得的。

耶律德光率赵延寿、杜威等入恒州（恒州是杜威亲自叫降的），狗腿子杜威为了向其主子表功，遣张彦泽为前锋，带两千骑先攻大梁。张彦泽倍道疾驱，夜渡白马津，事实上就颇难怪，他也急于向其主子的主子立功讨好呀！

在一片"表功"声中，有一个铁铮铮的名将——威震榆林店的好男儿皇甫遇将军，他始终不曾在杜威的"降表"上署名，预谋更不必说。当耶律德光拟派他为南下攻晋的开路先锋时，他理都不理，不愿有此荣衔。他私下对亲近的左右说："我位为高级将领，败而不能死节，怎么能引狼入室，杀害自己的同胞呢？"军行至平棘，谓其副官道："我已绝食好几天了,还有啥脸面可以南下?"遂扼吭而死。皇甫遇不愧为好男儿,他表现了一个军人应有的气概。

那个夜渡白马津的张彦泽,于两天后的昧爽时刻,以驾轻就熟的姿态自封丘门斩关而入。城中大扰,巷战开始。

九、孙男臣重贵,新妇李氏妾

城内杀声盈耳。石重贵于皇宫放起一把火,手携尚方宝剑,驱逐着十几名自己喜爱的淑妃宫女,准备一同伴他到冥府去报到。亲军将薛超不许他这样想不开,并且不准他做这件不人道的事。正在尴尬为难之际,张彦泽已把述律太后和耶律德光的手书传来慰抚,并召桑维翰、景延广。石重贵顿感到,敌人并不跟他为难,活着倒也蛮有意思。他立即命人救火,把皇宫门全打开,等候"祖皇帝"来。此刻他感到日子太长了,坐在御苑中,和后妃们相对而泣。最后有人提醒他快送"降表",这才把翰林学士范质请来起草,降表写得"不错",照录如下:

"孙男臣重贵,祸至神惑,运尽天亡。今与太后及妻冯氏,举族于郊野面缚待罪次;遣男(石重贵之子)镇宁节度使延煦、威信节度使延宝,奉国宝一、金印三出迎。"

太后也上表称"新妇李氏妾"。

都监傅住儿入宣,耶律德光命石重贵脱去黄袍,穿上白衣,再拜受宣,左右皆掩泣。但这有什么办法呢,难道他没有想到终会有这一天吗?

十、张彦泽的世界

当范质提起笔来大书"孙男臣重贵"的时候，石重贵已由导演要求扮演另一个角色，他该谢幕了！此后纵有他的戏路，也是悲剧性的，留待下文再表。因摄取时代重心的镜头，已属于狗腿子张彦泽的了。

张彦泽以石重贵的命令去拿桑维翰。桑乘坐骑到天街，碰到李崧，二人驻马，相谈未毕，有军吏于马前作揖，请桑维翰径赴侍卫司（相当于军法处），维翰明白是怎么回事了，质问李崧："侍中当国，今日国亡，反要维翰死，这是啥道理？"李崧也说不出所以然来，只是面有愧色。

一到侍卫司，桑维翰责问倨坐着的张彦泽："去年，我把你从罪人之中提拔出来，既领大镇，复授兵权，阁下为什么忘恩负义到这种地步？"张彦泽找不到适当的话来回答，叫士兵把他"看起来"，桑维翰的命运到此剧终。事后，张彦泽对耶律德光说："'老桑'爱上吊，有裤带为证。"

张彦泽纵兵大肆劫掠，贫民也加入行伍，争相奔入富有人家杀人劫货，一共洗劫了两天，都城为之一空。而张彦泽的居室宝货山积。他自谓有功于契丹，昼夜以酒乐自娱，出入时，骑从常数百人，其旗帜皆题着"赤心为主"。

军士们抓到嫌疑人带到他面前，张彦泽懒得审问情节缘由，只把眼睛睁得老大，竖着三只手指，然后挥挥手表示推出去，推出去后不是被腰斩就是被砍头。

这回，张彦泽生杀予夺的大权在握，凡是与他有过仇怨的，绝对不放过！阁门使高勋和他有过龃龉，"老张"乘醉到高家，把他的叔父、弟弟全宰掉后，横尸列诸门口，士民不寒而栗。

中书舍人李涛亦与张彦泽有隙，前张彦泽捕获亡将杨洪，先断其手足，然后处斩。有人奏闻，石敬瑭不管，李涛伏阁，极论其罪。因为有这段"过节"，李涛知道自己逃也无用，反而大着胆子，拜谒张彦泽道："上疏请杀太尉（指张）人李涛谨来请死。"张彦泽盛气倨傲地接见了他，问道：

"舍人（李涛官衔）今天怕吗？"

"我今天的怕，跟你前年所怕的情况完全一样，要是当年石皇帝肯听我的话，哪还有今天的事？"

彦泽大笑，命饮酒，李涛满灌了一大盅，旁若无人而去。

接着，张彦泽命令石家皇室立刻迁入开封府，宫中全体恸哭，石重贵与新妇李氏妾、妻冯氏等乘着"肩舆"，由十余名宫女、宦官徒步跟随，到指定的"集中营"报到，场面狼狈，凄凉，路人为之流涕。

石重贵明白，这一去，以后的生活开销就不可能和以前一样阔绰，故把内库的金银珠宝扎成一包包随身携带。一会儿又闻张彦泽有令，契丹主子耶律德光已驾到，任何物品不得私有，擅自移挪。

石重贵乖乖地把东西吐出，但想想又不甘心，拣些奇货专送张彦泽，张只要了些稀奇的罕货，余下的留给德光。

张彦泽派控鹤指挥使李筠为"临时看守长"，看守石氏一家,不许内外通消息。石重贵的姑母乌氏公主,惦念侄子一家落难,贿赂了看守,入内与重贵诀别,归后自尽。

石重贵的嫔妃楚国夫人丁氏,是镇宁节度使石延煦的母亲,容华绝代,张彦泽垂涎已久,如今丁氏既是自己的阶下囚,张彦泽便下令召来陪宿,太后迟延不放,彦泽放声诟骂,立载而去。太后似乎不大明白,做了"阶下囚"是要听任人家摆布的,何况丁氏只是一个娇柔纤弱的女人!

前文提过,范质所起草的"降表"是由石延煦、石延宝携国宝一、金印三专程迎迓的,两兄弟拜过耶律德光后,从其牙帐的行辕归来,携有耶律德光的手诏,诏云:

"孙勿忧,必使汝有啖饭之所!"

至是,石重贵心中沉甸甸的石头方才落下,因他的生命安全,如今看来似乎多少有点保障了,虽然这并不是地道的包票。

十一、清算"横磨剑"

耶律德光至相州时,即遣骑兵径奔河阳,去逮捕曾炙手可热的景延广。景是怎么样也想不到敌人会来得如此迅速,仓促间逃无可逃,干脆前往朝见。耶律德光立即当起"临时军法官"来,问道:

"两国之所以和平破裂、兵戎相见,都是你姓景的一人在捣鬼,现我要问,你的十万横磨剑在哪里?"

"我并没有讲什么剑不剑呀!"

"把'商业代表团团长'乔荣叫来!"

乔荣来了:"景先生,你对我们的'商业代表团'干的'好事'太多了!"

"你不要诬赖好人,'乔团长'!我什么都不曾做过。"

"你没有干过吗?你看这个!"乔荣把景延广叫人所书写的条子摸出来,"我早已声明在先,我是商人,记记开门七件事还可以,其他的就不大行了!这上面有没有记着十万横磨剑?"

"……"景延广把头低了下去,他现在才有点儿明白"外交文件"是不能随便出具的。

接着,乔荣理起老账,每算一事,即给景延广一支筹码,递到第八筹时,景延广只有矮在地上滚爬,伏地请死。耶律德光认为死似乎太便宜,且锁起来再说。以后,景延广还能得到好下场吗?他被"护送北上",在途中自了残生。

清算完了横磨剑的老账后,耶律德光才有意要到大梁府"观光"一通。

当他以"祖皇帝"兼胜主的姿态入封丘门时,市民仿佛看到了毒蛇猛兽,无不关门闭户,惊呼而走。人民的行动他看在眼里,心中自然不会太好受,他当即爬上城楼,叫通译告诉民众:"我也是人,你们不必害怕!我一定会叫你们安居乐业的,我本无心南来,是你们的军队把我带来的,既来了,少不得要'观光观光'呀!"这算是对大梁府的民众谈话,也算是"安民"的口头布告。

张彦泽的老冤家阁门使高勋，向耶律德光控告张彦泽杀其家人，德光亦怒其剽掠京城，下令逮住张彦泽和傅住儿。老百姓听说无恶不作的张彦泽垮了，纷纷投书，控告张的罪状。德光把张的罪状罗列开来写成一表，问百官道：

"张彦泽该不该判死刑？"

"该！一千一万个该！"百官们众口同声地呼答。

"行！派高勋为监斩使！"

行刑之日，张彦泽从囚笼中被提出，那些被张彦泽所杀的士大夫子孙们，皆披麻戴孝地等在监狱的门口，一见之后，莫不悲愤填膺而前，或哭骂，或吐沫，或擤鼻涕，或暗用针刺，或用木杖扑，一路上尽是欲食其肉的人。到达刑场，监斩官命不用开锁，把手腕锯断，手铐自会脱落，然后"剖心"以祭死者。史说"市人争破其脑取髓，脔其肉而食之"。张彦泽死有余辜，但是，是谁放纵他穷凶极恶，率先变成"野兽"的呢？

十二、"蒙尘"的开路先锋

大事稍定，早已有诏书告许石晋的文武群臣，一切如故，是以人人照旧上班，签到办公。朝廷没有变动，所变动的只是换了个胡人的新主子而已。

耶律德光封石重贵为"负义侯"，拟派到黄龙府（今辽宁省开原市）去"旅行"，并差人征询李太后的意见："听说石重贵生性悖逆，不听老母亲的教训，才会弄到这种地步。太后是否愿意跟随逆孙北行，可自行打算。"

回话是："石重贵生性纯良，非常听话，既不是太保，也并不忤逆，所以会弄到今天这种地步，纯是违背了'死老公'石敬瑭的'儿外交政策'的缘故！今幸蒙大恩，全家保全首级。谢谢！再谢谢！如果说做母亲的，不跟随儿子而行，请问叫我到哪里去好呢？"

既然要全家守在一起，于是德光命令石重贵全家搬入封禅寺去，派大同节度使崔廷勋为"看守长"。德光仍不时派特使来探问，特使一到，举家忧恐，以为是"死神"降临。时雨雪连旬，棉衣食物，两俱欠缺，上下冻馁。

太后差人问封禅寺的住持："过去，我曾在这庙里布施和尚数万人，添油、烧香、拜佛，开销以巨万计，现在落到这种地步，要被无被，要粥无粥，出家人以慈悲为怀，怎么连一点同情心都看不到？"

"敌房的主意是很难捉摸的，所以我们不敢献，省得彼此增加麻烦，请太后及众位施主多多原谅。"住持、和尚都是现实主义的信徒和实行家。

石重贵看出彼此都宜面对现实，谈恩义、论交情全不是时候，而且对象也弄错了，还是摸出褡裢内的"私藏"吧，幸亏他有此一招，才稍稍得到救饥解渴的食物。

"蒙尘远征队"奉令北上到黄龙府去报到，"总队长"石重贵率领李太后、安太妃、妻冯氏及幼弟石重睿，子石延煦、石延宝及后宫左右、侍从百余人，以庞大的"观光队"的姿态出发，前去指定的地点。为了避免这支队伍沿途有意外发生，契丹特派三百名轻骑护送，备极周到。石晋的中书令赵莹、枢密使冯玉、马军都指挥使李彦韬等"功在国家"，也一并出塞参观。

这一支队伍，清一色地都怀着沮丧无比、凄婉欲绝的心情踏上了征程，一路上并没有半个鬼"设路祭式"地供给一碗饭、半个馒头或一杯开水，他们常常找不到可以果腹的食物。没奈何，只好束紧裤带了。

过去属于石晋的旧臣，只有磁州刺史李谷，有点儿人情味，亲自摆设临时摊头，迎谒于路畔，结局是"相对泣下"，不胜唏嘘之至。其余没有半个人肯露面，来看看这支"流民队"，布施个三五十文钱。李谷一再谦称对不起皇帝，末后把所有的家资，都赠给石重贵做路费。

行行重行行，行至中度桥，瞥见杜威的旧寨依然宛在，石重贵悲愤欲绝地对天呼喊："老天啊！姓石的有什么对不起他的地方，竟被那老王八破得一塌糊涂！"遂恸哭而去。

一行人马既出塞后，契丹连衣食都不理了，因为他们已放心了，在其老根据地的辖区内，纵使石重贵有天大的本事也无能为力，这是普通常识，耶律德光如泰山一般笃定。

既然人家什么都不理，而求生、解决衣食乃是人类的本能，这批平时养尊处优，不知劳动生产为何事的寄生动物，如今不得不开始练习生产与劳动。宫女、侍从、左右等都分头去采撷可以果腹的果实、地瓜、树叶,他们现在才略略明白"餐桌上的东西",的确来得太不容易。

出了长城后,一行人来到锦州城,耶律德光有令,石重贵应奉领其"黄龙府远征队"到耶律阿保机(德光之父)的墓前跪拜。石重贵照令行事完毕后,感到无限屈辱。其实,这参拜应有激励作用,可明了人家是凭什么而兴国的,要是有志气的人,就会像越王勾践一样忍辱负重,以求一雪会稽之耻。无奈石重贵却没这种骨气,既称"孙男"于前,承袭了先人的屈辱,又安于娇妻嫩妾,便没有振作的意图了!

其妻冯氏吃不起这种苦头,私下叫左右弄点砒霜、鹤顶红等东西,希望大家吃后,集体改换方向,到黄泉府去。但这类珍贵的东西,不是想有就有的,像"服毒自尽"这种事儿,一个权贵的妻妾哪里会早做准备?冯皇后至此才略略明白,即使要自杀,也不是一项轻易的举措。

苦难的黑云,浓密地笼罩着这支"皇家队伍"。所谓解脱与光明,全与他们无关,他们全是活在"黑夜里"的行尸游魂。

借重外力以取得权势,最后终归是要毁灭的,历史上不仅"石晋王朝"如此,像吴三桂引清兵入关,不就是蹈了石晋的覆辙吗?唯有自行发愤、自力更生,以期自助人助,然后获得成功才是英雄事业,也才显出英雄本色。

石晋的"儿孙王朝"幕下,一共十一年,"老石"七年,"小石"搞了四年。

十三、"打草谷运动"

耶律德光在大梁府自封为皇帝,都城诸门及宫禁门都是全副武装的契丹兵布防站岗,日夜轮番,武装齐备,旁边还有狼犬协助放哨。大梁着实戒严了一个时期,德光在皇宫外用竹竿悬上一领老羊皮,高高地挂着,表示"厌胜"。

他表示"厌胜"的另一工作是,把杜威所率领投降的铠仗数百万副贮于恒州,驱马数万匹回归幽州。然后,他担心晋兵一旦叛变,当如何是好?他打算以胡骑把他们尽数驱到黄河去——沉河屠杀。

奴才赵延寿为自己的本钱着想,竭力反对,最后,他献上万全的计策,即把所有的军眷悉徙于恒、定、云、朔等州,作为人质,每岁分番使戍南边。耶律德光认为,这尚不失为完美的上策,就照这般做去,降兵才免去集体沉河之厄。

耶律德光喜爱汉化,脱去胡袍,穿上汉服,百官起居,全照旧制。既汉化,他免不了要大大享受一番,于是四方大肆贡献。他纵酒作乐,认为此系胜主应有的福分,也是战败者应尽的义务与负担!他常对着晋臣道:"你朝之事我皆知之,至于我朝的情况,你们一点也不晓得吧!"他说的倒是实情,不然他怎能有那么多的狗腿子、奴才、叛将、贰臣替他卖命出力,让他高居在帝座上颐指气使、生杀予夺?

奴才赵延寿卖了一番力,讨得主子的喜欢后,提议:"请给上国兵(契丹兵)廪食。"也就是说,请耶律德光定出最优越的俸禄制给契丹兵。

"辽国向来没有俸给制度,请你放明白点,'老赵'。"

向来没有俸给制度,难道叫那些"兽军"喝西北风吗?当然不是!明的没有,暗的比明的还要多出不知几千几万倍!

耶律德光乃纵胡骑四出,以牧马为名,分番剽掠,凡是动产,不论衣服食物以及牛羊牲口,说是他们的,就是他们的。马背上累累然,马后面牲畜成群,都被强盗兵牵进军营去,范围一波波扩大,起初是近郊,接着是穷乡僻壤,均在所难免。这是什么呀?番名叫作"打草谷"。

"打草谷运动"使得丁壮们死于锋刃,老弱们委于沟壑,从开封到洛阳,旁及郑、滑、曹、濮诸州数百里间,财畜几被洗劫一空,契丹共有多少兵从事于此?借用耶律德光的话,不过三十万而已。

三十万人个个发了"侵略洗劫财",耶律德光还不满足,把主管财政的刘昫叫到面前:"契丹兵三十万,既平晋国,应有优赐,速宜营办!"

此时府库空竭,已不名一文,刘昫计穷不知所出。

"刮呀!借呀!布帛、钱财全行!"自将相以至平民,人人要"有帛出帛,有钱出钱"。这是战胜国的命令,有任何人胆敢违拗的话,那得当心,问他有几颗脑袋。

在上天无路、入地无门、烽烟处处、无以为生的形势下,民间的草莽英雄是知道该采取什么方法来保卫自己及其同胞的。于是,他们相聚为"盗",多者数万人,少者也不下于千百，攻陷州县，甚至攻陷宋、亳、密三州。

至此，耶律德光才有点明白，民众的力量是不可轻侮的，用他本人的话说，"我不知汉人竟如此难制"。

因为民众是不可轻侮的，耶律德光想开溜了，他想借着天气炎热，以省视太后为理由，回老家去。

耶律德光回国，比起石重贵的北上"观光"，不论从场面还是人马来讲，都要威风千万倍。后晋文武诸司从者数千人，诸军吏卒又数千人，宫女宦官数百人，还有最重要的是，尽载"府库之宝"以行，所留下的是些乐器、仪仗而已。大梁第一次遭受有计划的洗劫，为之一空。

一路上，他分明看见城邑丘墟、庐舍荡然，但仍然命令胡骑开展"打草谷运动"。

相州城因英雄梁晖拒守，德光命番汉进攻，城陷之日，悉屠城中男子，驱其妇女随同北去。契丹兵甚至掷婴孩于空中，举起锋刺接，以为笑乐，人性泯灭，竟至于此。相州城中的骷髅，埋不胜埋，一共有十余万之多。

陆路上车马相接，迤逦着不计其数的战利品，此外尚有数十艘船只，满载物货、铠仗，沿运河北去。这是契丹人第一次做"无本生意"——水陆两路，满载而归。

事后，他颇内疚地检讨这次被迫撤退的缘由有三：其一，拼命地搜刮人民的钱财；其二，令契丹兵做"打草谷运动"；其三，不早些遣诸节度使还旗。

使人民蒙受一大浩劫的耶律德光，到达河北临城时，天夺其魄，病了！继续北去，到乐城，他病得更厉害，热度甚高，胸腹四肢必须叠压冰块来退热，并老是要吃冰食，等到达杀胡林，他四脚朝天，翘了辫子。

他的部下立即替他开刀，取出五脏来喂狗，然后填了一斗多的盐巴进去，为了避免其尸体腐烂，用大麻袋装满了食盐，把尸体包装在内，这有个名词，叫作"帝耙"，实际上就是一块大咸肉。这恐怕是他始料未及的了！

十四、始终无法搞到皇冠的角色

耶律德光曾内疚地检讨其被迫撤退北上的缘由有三，其实，他被迫撤退的缘由还有一条，即他的食言而肥。记忆犹新的恒州之降，赵延寿、杜威均沐猴而冠，穿上赭袍在军士们的面前亮过相。如今撤退之日，他除了留下一千五百名幽州兵，诏有职务者均须从行，举国北迁，连在南方建立一个百依百顺、俯首听命的傀儡政权都有意"健忘"！（其实他是蓄意要把南北并而为一，由他一人来统治的。）这让那些一心想做"傀儡皇帝"的儿孙、奴才如赵、杜之流，怎能不由怏怏而悒悒，而终于愤愤呢？

奴才赵延寿是第一个怨恨耶律德光食言负约的角色，他随军北上，老在做皇帝梦。等到其主子一死，他立即扬言："我不复入龙沙。"即日带兵入恒州，看看有没有"旧梦真做"的迹象。不料，东丹王突欲①的儿子永康王兀欲及南北二王，各以所部兵相继进入，赵延寿想拒绝，不许他们开入，但又怕时间未免太早，自己孤立无援，只得听任他们进入。

当时，契丹诸将已有秘密协议，奉兀欲为主，兀欲登上鼓角楼，受叔兄们的朝拜，大礼已行过了，而情报欠灵的赵延寿却被蒙在鼓里，一点也不知道。相反，他自称受契丹皇帝的"遗诏"，权且"知南朝军国事"，下"教"（教，等于命令）布告诸道：供给兀欲的礼遇、配备与诸将同。兀欲把这一点看得很清楚，牢牢地记在心上。恒州各城门的管钥及仓库出纳，兀欲把这些全握在自己手里，赵延寿一再派人要回这些东西，兀欲死也不放手。

有人劝告赵延寿："契丹诸大人（王爵级）数天来老是在举行秘密会议，一定会有'阴谋'变故要发生，现汉兵不下万余人，不如先下手为强，省得后下手遭殃。"老赵犹豫不决，时机正式从他的手上溜走了。

永康王兀欲请客，客人名单的排列是赵延寿、张砺、和凝、冯道……地点是永康王的临时官邸。

客人们到达后，兀欲装作若无其事，一如平常般殷勤招待，然后兀欲挨到赵延寿的身旁，很亲善也很有礼貌地轻轻征求他的意见："贱内刚从京内来，她想跟你聊聊。"

兀欲的老婆，素来以兄礼事延寿，看来他俩似曾结拜成

---

① 即投奔后唐的李赞华，后被李从珂所杀。

兄妹。赵延寿神经一松，欣然和兀欲携手入内。过了半顿饭时间，兀欲把一切处置妥当后，踱出来对张砺等人道：

"燕王（赵的封爵）谋反，我已把他扣押起来。"他若无其事，接着正式宣布：

"先帝（指德光）在大梁府时，亲自给我一筹，允许我'知南朝军国事'，他在杀胡林逝世时，根本没有什么遗诏，而赵延寿擅自称'知南朝军国事'，这是啥道理？不是造反又是什么？"

于是，他下令，赵延寿亲党皆释而不追究。

隔一天，兀欲至待贤馆，受番、汉官谒贺。兀欲笑着对张砺道："赵延寿如果真在此馆受文武官朝贺，我当以铁骑包围，那时你们也难免要一同遭殃。"

先前，赵延寿有令，下月初一，于待贤馆上事，并受文武百官的朝贺。仪式是宰相、枢密使拜于阶上，节度使以下拜于阶下。

李崧认为兹事体大，虏意不同，事理难测，还是慎重些较妥当。赵延寿真正慎重了，但兀欲是懂得"司马昭之心"的，现在借杯酒言欢，先行扣押。

后数日，兀欲集契丹诸臣于府署，宣布契丹主子遗制，其略曰："永康王，大圣皇帝之嫡孙，人皇王之长子，太后钟爱，群情允归，可于中京即皇帝位。"于是，兀欲始替耶律德光举哀成服。赵德钧、延寿父子俩，替其主子卖了一辈子的命，结局连皇冠的边缘都不曾摸过，反落得"囚帽"一顶，遗臭以终。

后汉

(公元947年—950年)

第十章

终于捡到皇冠的人物

一、学骑墙

刘知远是石敬瑭的心腹大将,石对刘是言听计从,两人几乎成为一对"百搭"。刘初次表现出心狠手辣,是公元934年,闵帝李从厚带着五十名左右及从骑逃到卫州时,该州刺史王弘贽怪他逃难逃得太不成体统,"将相侍卫、府库法物"完全没有,使群下无法瞻仰。换句话说,连一个像样的皇帝排场都无从摆起,使石敬瑭感到万分尴尬。刘知远突要出快刀斩乱麻的手段,把那五十名左右及从骑一起"报销"。

此后,他又着实卖命地耍出好几套"绝招",范延光、张从宾之变时,他是安定大梁府的中心力量之一。等到事变平定后,他奉命出任河东节度使。

石敬瑭病重时,有旨召其入朝辅政,齐王石重贵压制他,两人之间的旧隙与新账,从这天算起。

公元944年,即石重贵即位的翌年,辽、晋的外交因景延广声明有"十万横磨剑"堪以应付而正式破裂。耶律德光、赵延寿等引兵南下，石重贵御驾渡河拒战，有命令给刘知远，要他"会兵山东（太行山以东）"，刘知远误了行期而不出兵，石重贵很不高兴，跟腹心亲信说："太原刘知远不肯帮忙，一定是另有打算，果真如此，那又为什么不快点行事呢？"从此，国家朝廷的大事会议，刘知远都没有资格参加，两人的裂痕越来越深。

刘知远着实苦恼过一个时期。他跟他的一位好部将郭威要好的程度一如他对于石敬瑭一样。郭威看出刘终日抑郁的原因是什么，乘机安慰他：

"河东（今山西省）山河险固，风俗尚武，士多战马，承平无事时，则勤稼穑，农闲期间则习军旅，这是帝王的资本，你还烦恼个啥？"郭威这句话有力而恳切，替刘知远指出他的政治远景及应采取的政治路线。

从此，刘知远忙着训练士卒，整顿财赋，以期一天，他也要"趁机龙飞"而"君临天下"。

当石重贵听从北面副招讨使马全节的奏议而亲自北伐时，诸军依次北上，刘并未出兵，虚张声势地响应，他的看法是："中原疲弊，自守尚且感到不够，怎能横挑强胡？即使一战而侥幸获胜，也有无穷的后患，何况不可能会取胜呢！"他明白彼此之间"胜负的公算"，百分比各占若干，但他不会论谏，因为石重贵那种角色既已与他各存有芥蒂，谏还不是等于白费唇舌！

刘知远广募士卒，阳城之战后，诸军散卒归附他的有数千人,他又得到吐谷浑的财物,从此河东一镇,富强冠于其他各镇,共拥有步骑士兵五万人之众。

二、当"儿"的"荣宠"

刘知远既拥有强兵劲旅,坐镇河东,俨然是脱离石晋王朝的独立王国。无论从理论、礼节还是从实际行动来说,朝廷都对他无可奈何。

当耶律德光、赵延寿率师南下时,刘知远既不邀遮拦击,也不入援勤王,那形势宛如中立国一样,仿佛他不是石晋的封疆大吏,也没有那种义务。当时,刘的主要工作是分兵保守四境,预防意外侵入。

大梁府沦陷了！刘知远即遣王峻奉三张"表",到大梁向耶律德光道喜,是哪三张表呢?

第一,贺胜主进入汴京。

第二,报告"太原夷夏杂居,戍兵所聚,未敢离镇"。这是说明他未擅离根据地,请求主子的原谅。

第三,说明本来应有所贡献,一充军粮,二是慰劳,但情势偏这么不巧,契丹籍将领刘九一军自土门西入,屯于南川,城中忧惧,一俟召还此军,道路既通,始可入贡。

三张表所尽的全是恭恭敬敬的"臣礼",正说明他原是承继石敬瑭衣钵的正统人物。

耶律德光一乐,赐诏褒美,及进书,亲加"儿"字于刘知远的姓名之上——这是无上的"荣宠"。赵延寿、杜重威等卖了半辈子的"狗命",依然得不到这个亲加的"儿"字,足见"儿"字在当时的分量,是很吃香兼极吃重的。此外,德光复赐其以木拐。依胡法礼节,夫木拐者,是特别优礼大臣的工具,相当于汉宫仪的赐节杖之类。

由此,刘知远与耶律德光的关系进入"蜜月期"。

事后,刘又遣北都副留守白文珂入献"奇缯名马",刘本人不会到京朝拜,耶律德光才弄明白这角色不简单,原来他是个"骑墙主义者",在玩两面外交。蜜月期一过,彼此的真面目顿时显现出来。

旁观者清的郭威,乘机点明关系:"敌虏恨咱们入骨了,不可不特别注意!"

从大梁回来的使者王峻,根据自己的观察,下定语一样地报告:"契丹贪残失人心,必不能久占中原。"此是一针见血的结论,是用耳朵听、眼睛看,加上自己的理智判断得出的结论。

因之,有人劝刘知远举兵进取,到中原去"龙飞"一下。

刘的态度蛮慎重,说道:"用兵有缓有急,当随时制宜,现今契丹新降晋军十万,虎踞京邑,未闻有其他大规模的反抗行动,咱们哪能轻举妄动呢?依我个人的观察,契丹最大的目的是在搜刮财货,一旦财货搜刮足了,必定会回归老巢的。那时候,冰雪也已消融,从自然地理来说,他们是待不下去的!咱们此刻暂且等,等待他们一朝马首朝北开,即行进取,这才是万全之策!"

刘知远的确有眼光,看得准,料得正!他开国奠基的工作,已在按部就班地进行着。

当石重贵一行人马被命令到黄龙府"观光旅行"时,国人都愤慨"天子蒙尘"。刘知远遂扬言,欲出兵井陉,迎天子归晋阳老家奉养,借此收拾天下民心。为了使假戏演得更为逼真、精彩起见,他命武节左右指挥史弘肇集诸军于校场,预备告诉他们,什么时候才出师。

在校场上,军士们的意见是,契丹已攻陷京城,逮住皇帝,天下业已无主。现今够资格统治中原的,除"老刘"之外,还有谁呢?是故应当先正位号,然后才可出师。

接着,彼起此落地争呼"万岁",声音响彻云霄。

刘知远并没有被"万岁"的呼声叫得晕乎乎而失去理智,他要求史弘肇遏止他们,不要乱闹乱叫,理由是:"虏势尚强,我方军威未振,应当先建立功业,然后再说,士兵们懂得啥东西?"

这是刘知远以退为进的好办法,事实上也的确如此,但手下人可没这份耐心再等下去!河东行军司马张彦威等人,三上笺劝即帝位,知远迟疑未决,大将郭威遂出场,他联络都押牙杨邠入内劝说:

"现今远近的人心,不谋而相同,这就是天意,天意是谁都违背不得的,如不于此时乘机进取,而老是谦让,恐怕人心一旦转移,那时不但挽也挽不回来,反而要受祸殃!"

刘知远的腹案就如此实现了。

公元947年二月,刘知远即皇帝位,是为后汉高祖。

三、贤妻李三娘

刘知远即位后的第一道诏书是,罢免诸道替契丹搜刮钱帛的吏使。

接着,他很想迎接石重贵及太后,等他赶到寿阳县时,那些"旅行"队已经过恒州好几天了,他的"马后炮"工作就做得这么巧妙而到家。

接不到石家,他回到晋阳,想征收点捐税来犒赏将士,他的贤内助李夫人(就是民间故事中有口皆碑的李三娘),感到人民的负担已很重,遂颇有立场地予以反对:

"你在河东镇创业登基,并未有半点好处给老百姓,倒先把人民的一点血汗本钱肆行搜刮,这种粗鲁大胆的作风恐怕不是新天子救民于水深火热之中的本意吧!现请把宫中的积蓄完全搬出来劳军,虽然数量并不多,但这样做,总不至于会招致人民怨恨吧!"

"行!捐税不必商议再征了!"于是,刘知远把内库所有的积蓄,尽数搬出来犒赏将士,内外闻之,莫不交声赞美。

李夫人是五代史中较为难得的一位贤后,她与后唐庄宗的刘夫人都是平民,但后者仅知搜刮、聚敛,忘记民间的疾苦,使后唐的国运加足马力地向毁灭的目标开去,终于身败名裂、国破家亡。而前者则能惠众博施，助其夫完成帝业，饮誉后世。

四、南下的骰子掷定了

刘知远听说契丹将北归，欲经略河南，他以史弘肇为前驱，又遣万进出北方，以分散契丹之注意力。

公元947年五月，契丹永康王兀欲既平赵延寿之变，而自立为王。刘知远集合群臣，开御前会议，谋求进取，诸将认为先出师井陉，次取镇、魏二州，先定河北，则河南唾手可得。

"我从石会直驱上党！"刘知远决断地提出。

"耶律德光虽翘了辫子，但党众仍很多，他们各自坚守城镇，倘使我们出兵转战河北，一来兵员不够分派，二来路途迂回，请问谁来支援我们的行动？假使群虏联合起来攻击，我们进，他们实行遮拦，做正面接触；我们退，他们断后尾追，粮饷一旦被截断，大家只有死路一条。且上党山路险阻，粟少民残，无以供应，故此路不通。新近陕、晋二镇相继前来输诚，要是大军先控有此二州，则万无一失，不出二旬之间，洛阳汴京可定。"独具慧眼且对形势了若指掌的郭威，提出他对当前时局的分析报告，并指出应采取的路线。

"分析得当，就照这样办。"刘知远同意郭威的意见。

当刘知远自阴地关出晋、绛，前锋史弘肇已报告克复泽州。

史弘肇为人沉毅寡言，治军最重纪律，将校如有敢违背军纪的，立即"挝杀"，士兵们如有侵犯民间田物，甚至系马于树下的，皆行处斩，故纪律严整，军中惕息，没有敢犯令的。史弘肇实为五代中很稀有而难能可贵的将领，刘知远能一路平安无阻，从晋阳到洛阳，从洛阳到大梁，均顺利地通关，均拜此开路先锋的劳绩。

刘知远渡过黄河后，自陕州至新安，西京洛阳的"留司"悉来迎接。至洛阳，入居宫中，汴京百官奉表来迎接。

此时，守大梁的萧翰，得知刘知远将要来到，打算溜回去，但又恐怕中原无合适的统治者，必定会出乱子，乃立后唐的许王李从益，留给他一千名燕兵，自己逃之夭夭。

刘知远得报，大梁又有傀儡朝廷出现，即命郑州防御使郭从义先入大梁府"清宫"。郭到达后，斩杀李从益及王淑妃。淑妃将死时，泣道：

"吾儿为契丹所立，犯了什么罪而必须处斩呢？为什么不让他活着，使他得于每年清明寒食时节，持一盂麦饭来祭洒明宗的陵墓呢？"

但这怎么可能呢？会耍政治艺术的人物，先天已不大具备人情味，后天又是"斩草除根"的理论家兼实行家。故王淑妃的那些话，显然是多余的。

铺路清道的工作完成后，刘知远驾到大梁，并下诏大赦，以汴州为东京，改国号为汉。

五、由诟骂到吃臭鸡蛋的角色

倾覆石晋王朝的"大功臣",不是耶律德光、赵延寿或刘知远,倒是儿皇帝石敬瑭的"东床快婿",册封为宋国长公主的"老公"、石重贵的"姐夫",天雄节度使杜威将军是也。

此君随着胜主驾到汴京后,俯仰由人,自己做不得主。他原想有那么一件真的赭袍来亮相的,结果人家不给,耶律德光自己在大梁戴上"通天冠",穿上"绛纱袍",登正殿,设乐悬仪卫于庭,受百官朝贺,下制称"大辽"。

杜威、赵延寿等辈干瞪着"死鱼眼",随班拜舞,山呼万岁。杜的腹内至是装的一肚子不愉快,但不愉快的事还有呢!每当他出入时,道旁的路人皆自动停足,指指点点地咒骂,老杜只有低着头,装作没听见。笑骂由他笑骂,有朝一日老子登上金銮宝殿,人们不山呼万岁才怪!杜威抱着这般态度自我解嘲。

但人们误会了他"忍辱负重"的宽恕精神,竟以碎瓦砾、小石头、臭鸡蛋来招待他。

在前路茫茫、佬僳失气、千夫所指声中,天翻地覆了!石晋成为历史的名词,新的王朝——刘汉登台了。刘知远遥拜杜威为太尉、归德军节度使。依一般的惯例,杜威应先奉表归命,表示效忠输诚,继而假惺惺地请移他镇。因为既经归命,就得听话,尤其是听新主子的话。

刘知远听从郭威的意见,把他移入京畿辖境内的地区,徙为归德（今河南商丘）军节度使。杜威认为在他的老巢是谁也不敢动他一下的，而今"移镇于制下"，不是等于野马被套上了羁勒吗？于是，他正式拒绝，并遣其子向契丹的麻荅求救。麻荅遣一千五百人做他的后援，凡此全是当时的节度使应有的行径，一点也不稀奇。

朝廷一面下诏，削夺杜威的官爵，一面派高行周、慕容彦超为正、副招讨使，实行军事剿讨。

不料，在前线的二位将领，为了"急攻""缓打"的问题发生龃龉，刘知远恐二将不协，易生他变，乃自行挂帅进攻。

到达邺都前方的刘天子，和意仍很浓，遣给事中陈观前往晓谕，杜威则闭门不纳。当其时城内食物日渐匮乏，城中将士多潜出而投降。副招讨使慕容彦超一再请快攻城，于是，刘皇帝亲督将士们快攻，不幸得很，城上拼命御战，致使城下的进攻者受伤万余人，死掉一千多。

为什么邺都能守得这般牢固呢？原来城里还有两千名幽州兵由张琏率领着，新近开来助战。

刘知远感到牺牲太惨重了，遂派人招张琏投降，许以"不死"。

张琏反责问道："繁台事件的士卒有什么罪，要集体屠杀？现在守此孤城，正以'死'为期。"

什么是"繁台事件"呢？此处宜作补充交代：

最初，萧翰溜走时，留下一千五百名幽州兵戍守大梁，刘皇帝驾到后，有人向其报告，这些"犬羊羯种"将要起事叛变,刘皇帝火了,尽把他们屠杀于"繁台之下",所以,张琏把这件惨案重新提起。

包围战一直持续三个多月,城中食竭力尽,杜威开城出降,城中饿死者十之七八,能苟延残喘的皆鸠形鹄面,全无人状。

郭威请乘机杀杜威及其牙将百余人,并把他的财产充公,慰劳将士。刘皇帝为人仁慈,以信义为先,偏不答应,出杜威为太傅兼中书令、楚国公。刘天子这种做法颇招致一般国人的怨恨,纷纷请老杜吃碎瓦砾、小石头的行为正在此时。

另一面,刘知远原已答应张琏,许其回归乡里,及出降,皇帝又反悔,立杀张琏及其将校数十人。其幽州兵呢?纵其北去。此辈"土匪"将出境时,又放肆地来一次"打草谷运动"后,才告赋归。

刘天子平定此役,显见心神交瘁,三个月后,他晏驾了!名义上他做了两年皇帝,实际上是一个整年(公元947年—948年)。

顾命大臣史弘肇、郭威等为防范起见,暂秘不发丧,先行下诏,逮捕杜威父子,罪名是"因朕小疾,谤议摇众",并将其与三子一并处斩,然后才发丧,宣遗制,皇子刘承祐继位,是为后汉隐帝。

六、节度使的循环公式

唐自安史之乱后,直至五代,坐拥强兵的封疆大吏,均形成半独立的状态,每一个"大军阀集团"就是一个王国,手下有幕僚，有战将、士兵及其民众，有各项税收可作为军需粮饷。于是弱小的互相勾结，力图自保；强大的则并吞四邻，兵连祸结，频年征战，暗无天日。中央朝廷对他们视若无睹或充耳不闻，实际上是无能为力，听其自生自灭。

要是中央朝廷发生剧变，这些藩镇们初则采取骑墙主义，继即相机行动，如果连自己的地位也发生问题，那就没有什么可商量的了，宣告独立，称王称帝起来。胜呢，则进兵京师，正式做起真皇帝；败呢，则开城投降，依然保有既得的地盘。

这是藩镇们的循环老公式，像上元节看走马灯一样，总是那一套，了无新意。

后汉隐帝刘承祐即位后，有两个藩镇王景崇、李守贞也循着公式照抄一遍。一个起自行伍的角色赵思绾，也因缘时会而擅据州镇称雄。三者采掎角之势结成合纵之局，宣布独立，李守贞且自行称帝，结果在郭威大军的剿讨下，一一风消云散。

话说从头，奴才赵延寿既被兀欲囚禁，其子赵匡赞（河中节度使）将入蜀，其父的幕僚李恕力劝其归顺新朝——后汉，赵匡赞即派其奉表入朝，看看风势。李恕尚未返命报告情况，赵匡赞已迫不及待地离开长安，入见经略关西的右卫大将军王景崇。

王景崇恐怕赵匡赞的牙兵逃亡，很想把他们全体"黥面"作为标记。风声透露后，有一个官兵赵思绾首先响应，愿自行刺字以做示范，王景崇很高兴，因他的"黥面运动"尚未开始，已有人率先带头推行。

齐藏珍看到赵思绾凶横野暴的面孔后，认为他绝不是善类，私下对王景崇讲："赵思绾凶暴难制，不如早些弄掉吧！"王景崇正喜欢赵思绾是"黥面运动"的实行家，哪里会轻率地草菅人命？

刘承祐即位后，征赵匡赞牙兵入朝，赵思绾很是担忧。有人乘机煽火蛊惑，赵思绾开始动起脑筋来。在途中，赵故意和手下大将常彦卿聊天："小太尉（指赵匡赞）已落入人家的手中，我们纵然到达京师，仍不外乎死路一条，怎么办？"

"随机应变！不必啰唆！"

到达长安城后，永兴节度副使安友规、巡检乔守温等出迎朝廷派来的供奉官侯益，置酒于客亭，赵思绾以代表身份，蹭到筵席面前报告："壕寨使已定下舍馆于城东，现在将士们的家属皆在城中，将士们都打算入城，携带家眷到城东去。"

主管认为报告合情合理，漫不经心地点着头。

赵思绾带领着牙兵，均徒手进入西门，有卫兵坐在门边，思绾立即夺下其武器，随即把那人杀害，其徒众乘机暴动，拿起棍棒之类的东西立即杀害十几个卫兵。牙兵的行动成功了！赵思绾乃派其徒众，分守各门，一面命人入府开库，一面拿着武器分配给其部下。那些在客亭里饮酒的听到这个消息后，纷纷逃走。

赵思绾就这般轻易地夺取了长安城，他变成该城的唯一主宰，集合了城中的青少年四千余人，对其进行临时的军事训练，仅不过十多天间，修葺楼堞，缮理城隍，要战要守，把长安城弄得完全像一座军事基地。

河中节度使兼中书令李守贞，自杜威死后，甚为忧惧，阴有异志。他自以为在晋世曾为上将，卓有战功，且生性好施，深得士卒爱戴。今后汉新主，年少初立，执政者皆新进人物，故有藐视朝廷的意思。既然如此认定，他一面招纳亡命及不逞之徒，阴蓄敢死的危险人物；一面治城堑，缮甲兵，昼夜不歇。

一个看出李守贞的行动绝不简单的和尚——总伦，前来替他看相，不看犹可，一看之下，断定他必"贵为天子"，头脑简单又胸无点墨的李守贞竟信以为真。

有一次，他请将领们吃酒，引弓指着《老虎舐掌图》道："如我有非常的福气，一箭准中其舌。"一发而中，左右拼命地敬酒道贺，乐得李守贞几乎忘掉自己的姓氏。那位长安城的临时首脑赵思绾，就在这最合适的时间内，遣使来奉表、献御衣。李守贞认为"天与人归"，应当有所表现，乃自称为"秦王"。他一面派兵据守潼关，一面发表赵思绾为晋昌节度使，谢其"存心捧日"的捧场。

当时，在凤翔府的王景崇示意吏民向朝廷发表他为"知凤翔军府事"，朝廷不肯，派他为邠州留后。王景崇迁延不到任，调集了凤翔的壮丁实行军事训练，对外的宣传是讨赵思绾，实际上的意图是三者联盟，公开宣布独立。

王景崇是三联盟中最脆弱的一环，也是骨头最软的一个，他一面接受李守贞的官爵（李自行称帝），一面又向后蜀投降。

三人勾结在一起，以连衡的姿态，在关中宣告独立，历史上有个名词,叫"三叛连衡"。

七、布下天罗地网

后汉隐帝刘承祐即位才半年,就遇上这般棘手的政治军事问题要处理。但他年在幼冲,无能为计,朝廷方面以唯一的军事王牌郭威为西面军前招慰安抚使,各路军均受其节制,出发西征。

郭威将出发,亲自登门请教太师冯道,冯道说:"李守贞自命为旧将,士兵们都归附于他,请你勿爱惜公家的钱物,尽量多赏多赐,则李守贞还能有什么可恃的?"郭威认为分析得当,以后就这样做去,准有很大的功效。为什么?因当时李守贞认定,朝廷的禁兵都曾属于他的麾下,受其恩惠,人当念其旧恩,此其一。汉法太严,此其二。依李的估计,这些前来征讨的朝廷大军,只要让他在城墙上喊个一次半次话,全部会倒戈。但是,他哪晓得士兵们最近得到郭威的甜头新恩,把旧恩忘得一干二净。战士们一到城下,扬旗伐鼓,踊跃诟噪,不理李守贞的"喊话",李大惊失色。

郭威带兵的方法,全学自战国时期的吴起将军。他与士兵们生活在一起,有乐同享,有苦同当,爱护士卒,无微不至。战士们微有小功,即行厚赏,微有受伤,亲自慰问,战士们不管哪一个,只要是有所报告,他总是笑嘻嘻地倾听接受。战士们偶有小小的过失,不加苛责,如有违忤,也不怒加处罚。像这样难能可贵的将领，在五代中的确是佼佼者，难怪将卒莫不归心。

如今，朝廷以这张王牌来对付"三叛连衡"，三叛自不是大将郭威的敌手。

郭威出发时，先召开一次军事会议，听取进攻的意见。众将拟先取长安，但检校司徒扈彦珂持相反的看法，他认为不妥：

"目前三叛形成连衡，共推李守贞为盟主，守贞亡则其余两镇自破，若舍近而攻远，万一王、赵拒我于前，守贞掎我于后，该怎么办？不是糟透了吗？"

郭威同意这项宝贵的意见，通过后即付诸实行。郭威出陕州，白文珂及步军指挥使刘词出同州，昭义节度使常思出潼关，分三路进攻。白文珂克西关城，树栅于河西；常思栅于城南；郭威自栅于城西。过了不多久，郭威认为常思无将领的才干，先遣归镇。诸将欲急攻城，郭威做了一次最彻底的分析：

"李守贞是前朝的老将，健斗，好施，屡立战功。何况城临大河，楼堞完固，千万不能轻觑这一点！他们是凭借着城池坚守，我们是仰上而攻，这何异于驱士兵投于水火之中。再说，勇有盛衰，攻有缓急，时有可否，事有先后，不如咱们且设长围来守，使得他们走投无路。咱们放兵牧马，坐食运输，温饱足有余。等到城中粮食匮乏、罗掘俱穷的时候，咱们再乘云梯进攻，射招降书，劝其放下武器，他的将士会一昧求生，父子尚且不能相保，何况乌合之众呢？至于王景崇、赵思绾，只要分一些兵做一些牵制的行动就行。"

于是，郭威发动各州民夫二万余人，由白文珂主持此项任务，挖掘长壕、筑连城、列队把李守贞固守之城包围起来。

郭威又把情况分析给诸将听："李守贞向来畏惧刘知远，所以不敢鸱张，他料定我们崛起于太原，事与功均未卓著，故有藐视我们的存心，也正因此才敢造反。所以，我们要以静来制动。"于是，郭威军长壕连营，均偃旗息鼓，只是沿着河边设立"火铺"，连延数十里，派兵轮番布哨，另派水军聚集巡逻，水上若有潜行往来的，无不逮到，李守贞的命运至此已告注定。

八、瓮中捉鳖

李守贞老想突围，可惜没有一次成功。他向南唐、西蜀求救的使者及文书，总被巡逻兵截获，城中的粮食在急剧递减，饿殍满路。李守贞感到相当烦恼，叫野和尚总伦来问策。总伦的那一套对胸无点墨的人依然有效用："李大王必然要当天子，这是命中注定，谁也抢不了的，可是这个天子的命中合该有灾劫，待到磨灭将尽的时候，也即只剩下一人一骑，那时就是您大王崛起的时候。"

"军师说得有理，我就待劫运磨灭吧！"李守贞仍极为诚挚地相信着。

李的另外两个搭档王景崇、赵思绾均差其子向成都的后蜀求救。

王景崇遣兵出西门，被朝廷的赵晖击败，西关城被克复，景崇退守大城，赵晖也筑起长堑来包围，并数次挑战，景崇始终不出战。赵晖一面设下伏兵，一面派了千余名全副武装的士兵，化装为蜀兵的模样，持着蜀军的旗帜，循着南山而下，并叫诸军放声："蜀国救兵来了！"王景崇信以为真，果派数千兵出来接应，一时伏兵尽起，把王的部队尽数歼灭，中了这计后，王景崇像吓坏了胆子的小老鼠一样，再也不敢越雷池一步。

被包围的人物自不愿坐以待毙，累表向后蜀告急，后蜀命安思谦出兵来救。思谦自兴元带兵出屯凤州，请先运粮四十万斛，蜀运出数万斛以为军需，有了军粮后，安思谦势如破竹，出大散关，败汉兵于玉女潭，汉兵退屯宝鸡，思谦进屯模壁。赵晖忙向郭威告急，郭威决定自行前往支援，临行前吩咐着白文珂、刘词二人道：

"李守贞如不能突围，准是瓮中之鳖，被擒是迟早的问题！万一被他突围，则我们就不可能再待在这里。成功或失败的契机，就在这最紧要的关头上。他们的精锐部队全放在城西，我走了之后，他们必定会突围，你们要特别防守这一方面。"

郭威到达华州时，听说安思谦因粮食耗尽已回家去，郭威乃循路折回。

公元949年春，郭威回到前线。恰在郭威到达之夜，李守贞遣其骁将王继勋等，率领精兵千余人循着黄河南进，偷袭后汉的营栅，水军靠岸登陆，纵火与喊杀之声充盈整个旷野，汉军非常狼狈，不知如何是好。

刘词神色自若，颁下急令："这不过是些小偷之类的玩意儿，不必害怕！大家杀贼去。"遂立即采取行动。

客省使阎晋卿做补充说明："敌人所穿的盔甲都粘贴着黄纸，被火一照，很快就可认出来，不过现在众人无斗志，这倒是非常伤脑筋的。"

"哪里有无事时专伸手领薪饷，有急难时则不愿出力的战士？"裨将李韬火了起来，大声嚷着，拔起矛来奋勇先登，士兵们跟着向前杀去。河中兵被杀得落花流水，死者七百余人，王继勋重伤，差一点儿被逮住。

郭威来到前方，刘词亲自迎接，叩首于马头并请罪。

"我所担心的正是这一方面，要不是你老兄善于安排，把残敌打回去，我们差一点儿被敌人笑掉了大牙！"郭威接着安慰刘词，"但敌人的伎俩也就到此为止了。"

然后郭威调查敌人偷袭几乎接近成功的原因。

原来李守贞在欲攻河西营栅之前，先派人在附近各村镇卖酒，价格便宜，有的简直等于白送白饮，那些汉兵的巡逻队贪杯中之物，几乎都酩酊大醉，敌人来时，他们还在醉乡梦游呢！

明白了前因后果后，郭威下令：

"从今天起，将士们如果不是参加犒赏、庆功宴等，不得私自饮酒，违者以军法从事。"

命令颁布后，其爱将李审在早晨偷饮了一盅酒。

郭威大怒，把他解到面前："你在我部下多年，不会不明白我的命令，而今居然首违军令，如果不按照军法从事，拿什么来给弟兄们做示范和警戒？"当即处斩示众。郭威的军令是重如山岳、言出必行的。

河中城被郭威包围四个月后，城中的粮食一天天减少，人民饿死的占十之五六，几次突围都被郭威打了回去。最后，李守贞的骁将如王继勋、周光逊、聂知遇等人率领千余人出来投降，其他小规模的"降兵"相继而至，郭威乘着李守贞众叛亲离的时机，督诸军分路进攻，李守贞已变成瓮中之鳖。

九、食人肝、人胆的"人兽"

长安城的"临时独裁者"赵思绾，看起来像个人样，实际上是只"吃人的禽兽"。他的第一嗜好是吃人肝，他曾经当面把人一刀剖开，摘取人肝后，用火烘炙，当作"赤烧"般吞食，肝都被他咀嚼净尽了，而被剖的人还未死去。

他的第二嗜好是以酒配合着人胆一起吞。他曾经对人说："吞食人胆一千枚，则胆量雄豪，无敌于天下。"其实，他具有这类只有禽兽豺狼才有的胃口，已够无敌于天下矣！

长安城中的粮食快要告罄，赵思绾别出心裁，尽抓妇女儿童作为军粮。他先统计其部下有多少人，然后定量配给多少"妇孺军粮"，犒军时一杀就是数百人，仿佛杀猪杀羊一般，然后把人肉、人胆、人肝当作特别犒赏品。

外无救兵，内无粮食，赵思绾日坐围城之内，始终想不出一条万全的计策。他的恩人兼好友郭从义乘机动脑筋,决心把长安中的"食人兽"及时除去。

当初,赵思绾年轻时,求做左骁卫上将军(已退休的)李肃的"勤务兵",懂得一些相术的李肃,不敢接受,理由是"这角色目乱(可能是斗鸡眼)而说话荒唐,他日准系乱臣贼子之流无疑"。

李肃的妻子——张全义的女儿——看到丈夫这种独断的拒人方法后,非常不安,道:"你现在拒绝他,以后恐怕是你的祸患!"乃私自以一笔巨款送给赵思绾。

赵思绾一直非常感激。长安被围后,李肃夫妇也赋闲在围城中。独对李肃夫妇感恩的赵思绾,仍不时前来拜会,亲切得仍像当年求做"勤务兵"的情景一样。这真是难得之至,他可从不曾动李夫人的肉、肝、胆呢!

这个不受欢迎的"人兽"老是前来唠叨,李肃气得直哆嗦:"我都不愿跟他往来,他老是要来,分明是想分点祸害给我,我不如死了倒也干净。"

很有人事本领的李夫人道:"为什么不想想办法来对付,譬如说劝他回心转意,仍归顺朝廷。"

"有理!"李肃被点醒,高兴得想跳起来。

刚巧赵思绾征询李肃的意见,应当怎样做才能有一条生路?

"让我好好替你想个万全的计策。"事后,李肃平心静气地分析给他听,"你本来跟朝廷并无嫌隙,只是怕获罪罢了。目前,朝廷三路用兵,都没有半点成绩,不如趁着这个时候幡然醒悟，归向朝廷，朝廷一定会欢喜，那时候，你仍旧不失富贵，两相比较，不是比坐以待毙要好得多吗？"

赵思绾认为眼前最佳的办法也只有如此，于是遣使者请降，朝廷果然授他为华州留后。

该年七月，赵思绾释甲出城受诏，郭从义以兵守其南门，思绾被复遣回城，他索要自己的牙兵及铠仗（武器），郭从义统统还给他。赵思绾的生命安全既有保障，立时贪心不足，想敛点财货，三次改期，不肯赴华州上任，郭从义感到大有可疑，秘密向郭威请示，还是想办法把他干掉吧！郭威认为如此做是对的，于是除掉赵思绾只是时间问题。

郭从义跟宣徽使王峻按辔入城，宿于官舍，下请帖给赵思绾饯别，傻小子居然想吃"送别酒"，当即被逮住，并其部曲三百人皆斩于市。

喜吃人肉、人肝、人胆的"人兽"下场很平淡，足见朝廷对他仍是公道的，张彦泽将军则无此享受！

十、见识与气量

长安既定，郭威急攻河中，克其外城，李守贞收拾余众，退保子城，诸将请快攻，郭威仍旧持重，说："鸟穷则啄，何况是一军呢！水已涸了，鱼也逃不到哪里去，不必急急地忙在一时。"

李守贞明白，城破之后总难逃一死，干脆与老妻（临时皇后）及临时太子李崇勋等放火自焚。郭威率军入城后，逮到他的儿子李崇玉以及宰相等人，那个被封为国师的野和尚也一并被抓起来，送到大梁府去，统统寸磔于市。

郭威搜查李守贞的文书案牍，发现朝廷的权臣、藩镇都有跟李私自往来的密函，词意荒唐悖逆，纯粹是一种投机性质的行为。郭威把这些文件收集在一起后，想向朝廷报告。

秘书郎王溥加以劝告："魑魅都是趁着黑夜而争出，但天一亮就自行消失了。请你不必报告，通通付诸'丙丁'①吧，这样做，人心才会安定下来。"

郭威认为很有道理，放起一把火，统统烧了。

郭威能宽恕一班政治投机者的行为，这是一种政治的宽宥。此与公元 200 年，曹操于官渡大破袁绍后，在其总部搜到暗通款曲的文件如出一辙，有人向曹操提议，开列成一张"黑名单"，然后按图索骥，一个个抓来审问。

曹操说："当袁绍强盛的时候，我自己也惴惴不能自保，何况是他人？"

"但名单仍须开列，以后好提防他。"建议者仍认为这样做较为妥当。

"算了！统统烧掉吧！一旦留下那个人的姓名之后，用人之际心中反而先有了成见，有成见是不能用人的！"

这是两件值得相提并论的历史逸事，于此一并提出，聊供参考。

---

① 古代以十干配五行，丙丁属火，因称火为"丙丁"。

李守贞、赵思绾早已成"今之古人"了，王景崇仍在挣扎中，捉鳖的"狙击手"赵晖知悉河中、长安二镇已平定的消息后，乃加强攻城的火力！

王景崇的谋士周璨眼看大势已去，求生为上，向王景崇道：

"过去，凤翔与长安、河中三镇分成犄角之势，现在那两镇已不复存在，'蜀儿'是靠不住的，我看还是降了吧，王将军。"

"我要考虑一下！"

过了几天，赵晖又在拼命地缩小包围圈。

"大事不好了！我必须想出一条万全之策来。"王景崇到了下决心的时候，乃对其将公孙辇、张思练道：

"赵晖的精兵多在城北，来日五鼓前，你二人放火烧东门诈降，但不要让敌人进城，我与周璨以牙兵出北门，突破赵晖的包围，纵然不大可能成功，但总比坐以待毙好得多。"

"行！"众将尚肯听命。翌日，天未亮，公孙辇、张思练等放火烧东门，请降时，省府的"牙兵"也采取行动，公孙与张派人去看看王景崇如何突围，回报说是"王景崇已与家人放火自焚了"。

周璨等出降，赵晖收复凤翔府。

三叛连衡中，李守贞、王景崇等为了"一小时的光荣"，均愿以自己及一家大小的命运，押在"引火自焚"的历史循环悲剧上，虽说咎由自取，得不到廉价的同情，但下场还算是"有种"的。

后 周

(公元 951 年—960 年)

后周
（公元951年—960年）

第十一章
黄袍披身的滥觞者：郭威

一、行愚蔽，轻毛锥

后汉高祖刘知远于公元 948 年春正月晏驾！顾命大臣如苏逢吉、杨邠、史弘肇、郭威等依照遗命，拥立皇子刘承祐继位，是为隐帝，不改元，以苏逢吉等为相。

中书侍郎兼户部尚书同平章事李涛上疏，主张把要害大镇委派给佐命功臣，好让其确实地做到"官贵家亦富"。

杨邠、郭威得悉后，泣诉于皇太后，太后大为光火，把刘承祐叫来训斥一顿："他们都是国家的勋旧大臣，怎么可以轻易听人家的话，随便放逐出去？"

"这不是我的意思，是李涛的提议。"皇帝照实说。

李涛就此被摘下乌纱帽，勒令回家休息。

皇帝怨恨李涛捣鬼，左右劝其趁机把宰相的职位予以调整扩充，多添几位。于是，朝廷以枢密使杨邠为中书侍郎兼吏部尚书、同平章事，枢密使如故；以副枢密使郭威为枢密使；又加三司使王章同平章事，政权皆决于杨邠之手。

杨邠向来不喜欢儒生，他的口头禅总是这么几句："国家的当务之急是府库兼仓廪能充实，甲兵能强盛，这就够了！至于文章礼乐，有啥了不起？"

在五代那种特殊环境下，这话是中肯、现实的，但未免有些矫枉过正，时人讥其为"愚蔽政策"。

当是时，契丹仍是北方的唯一大患，他们不时入寇，横行于黄河以北各州。朝廷方面认为，北方各州的藩镇各自为守，不相联络，没有统一指挥，往往顾此失彼。朝臣一致认为，最理想的是派郭威去坐镇邺都，赋予其统一指挥各路兵马的权力，以防备契丹。大前提顺利通过，但史弘肇主张郭威仍领枢密使一职，苏逢吉认为向来无此例。

史弘肇道："领了枢密使可以便宜行事，诸军畏服，号令通行。"

"向来国家的制例是以内制外，现今反过来，以外制内，这怎么可以？"苏逢吉振振有词，因他守的是死板的旧制，不欲通权达变。

拥有最后决定权的刘承祐同意史弘肇的主张，遂以郭威为邺都留守，仍兼领天雄节度使、枢密使等职。皇上有诏：

"河北兵甲钱谷，但见郭威文书，皆立禀应。"

对付契丹的这一枚王牌棋子，后汉布置得满称人意、无懈可击。

翌日，高官大员都被邀到窦贞固的府第会餐，一开始，史弘肇端起了大觞，大声向郭威祝贺："昨天的御前会议，赞同的反对的，今天统统为兄弟干杯！"

"这是国家的大事，请你不必介怀！"苏逢吉与杨邠也举杯祝贺。

史弘肇又高声道："安定国家，端在长枪大剑，毛锥（指笔）有个屁用？"

"没有毛锥，财赋从哪里来？"三司使王章冷冷地反问。

从此，朝廷的将相之间开始有了嫌隙。

二、酒势令

郭威即将赴任，对刘承祐的平素行为——逐渐骄纵、与左右狎妓，他不得不摆出一副元老的姿态来教训一通，刘承祐听后倒也相当感动。

三司使王章摆下筵席替郭威饯行，朝廷的权贵统统参加，酒酣，为手势令。

素来不文的史弘肇对于这一道学问一窍不通，刚好他的旁边坐着客省使阎晋卿，史弘肇不时向老阎请教。

多嘴的苏逢吉趁机开起玩笑来："旁边有姓阎的，还怕吃'罚酒'吗？"

史弘肇火气特别旺盛，脱口骂向苏逢吉。

苏逢吉看到人家用"下三流"的武器，只得自认倒霉，闷声不响。

史弘肇更揎拳捋袖，准备让苏逢吉饱享老拳。

苏逢吉悄悄离座，溜了！史弘肇怒不可遏，拔起剑来，欲追杀"老苏"，杨邠涕泣地劝阻着：

"苏逢吉是宰相，你如果在一怒之下把他宰了，将置天子于何地，凡事要理智地多考虑考虑！"

史弘肇虎虎地骑上了马，愤愤地回去，杨邠与之联镳，一路劝慰着送他到府第。

为什么史弘肇听了那句话，会发这么大的肝火呢？原来"老史"的太座（妻子），是酒家的"红酒女"，本姓阎。史弘肇心上有疙瘩，把苏逢吉所指的"此阎"误作"彼阎"，怪不得无名火旺烧三丈高。

刘承祐晓得将相之间，居然有这项不太愉快的"误会"后，命宣徽使王峻置酒和解，但结局却等于白忙。

苏逢吉想想，自己还是避地为宜吧，省得天天办公，老是互瞪着，继而一想，不对劲："自己走了之后，朝廷让他一人为所欲为，那他只要来一道命令，我立刻就要完蛋！"

朝廷的将相，就为这一粒芝麻大的屁事而闹得势成水火。

三、不愿做"小朋友皇帝"的人物

大体说来，刘承祐初即位，朝廷方面的人事安排尚称理想，如以杨邠总擅机政，郭威主征伐，史弘肇典宿卫，王章掌财赋，国已初立。

但下列一些无关宏旨的琐事，因未能事先消弭于无形，一旦被群小抓住并加以利用后，终于酿成无可弥补的损害，遂造成轩然大波而导致王朝倾覆。

第一，三司使王章，捃摭遗利，吝于出纳，聚敛刻薄，以实府库。依旧制来说，田税每斛更输二升，叫"雀鼠耗"。王章令更输二斗，名叫"省耗"。"雀鼠耗"变为"省耗"，田税的负担确实太重了。旧钱出入，皆以八十为陌，王章令缴纳者缴八十，出者七十七，名叫"省陌"，老百姓在兑换上又明吃了三文钱的亏。要是有人胆敢贩卖私盐，或擅酿私酒的，一经查出，有确凿物证的，立即判处死刑。王章一心为朝廷多刮几文钱——如专卖公卖等，结果弄得百姓愁怨。

第二，太后的弟弟武德使李业，即刘承祐的亲母舅，本来管理皇宫的出纳。承祐即位后，特别宠任，刚巧宣徽使出缺，李业打算填补，皇帝及太后都同意，但杨邠、史弘肇认为"内使迁补要按程序，外戚不可以随意超居"。皇帝的母舅都弄不到理想的职位，皇帝、皇帝的母舅的心里当有着一种什么感想。

第三，客省使阎晋卿、枢密承旨聂文进、飞龙使匡赞、翰林茶酒使郭允明，这几个角色全以谄媚吹拍得到刘承祐的特别青睐。他们结成一伙，这些人只精于找乐子，他们全是皇帝的"腻友"，但在杨、史两执政公忠威严的克制下，始终"久不迁官"，这叫他们怎么不怨愤填胸？他们哪里像是皇帝的"腻友"？

第四，刘承祐守制三年后，孝服初除，第一次召开"宫廷会"，听听伶人的新腔，龙心大悦，立即赏赐锦袍、玉带。不知趣的伶人亲至史府叩谢，不料史弘肇大发脾气："战士们保守边疆，跟敌人死拼，犹未有一点恩赐，你们有什么功劳，怎么能得到这种赏赐？"当场给剥了下来还给朝廷，史弘肇就这般硬不给皇帝面子。

第五，杨邠也同样不会"做人"，刘承祐想立自己喜欢的耿夫人为后，杨邠认为时间还未到。后来，耿夫人翘了辫子，刘承祐欲以"后礼"来葬，杨邠硬是不答应，使得刘天子好不伤心。

杨、史二人处处胆敢跟刘承祐过不去，不但足以证实自己的"不聪明"，而且在可预见的将来，必然会招来"族诛大祸"。

刘承祐感到受了无限的委屈，活得不像个皇帝，而是杨、史二执政控制下的"小朋友"，他无法再忍受下去！看出个中苗头的群小立即进言："杨邠、史弘肇这样目中无人，终究会叛变的，我们敢做这样的预言并断定。"刘承祐认为，在客观形势上看来，他们说得有理。

曾有一回，皇帝听到街坊上打铁店的锻冶声，竟会疑心得彻夜睡不着，因他把锻冶的铮铮声当作"刀革之音"。

皇帝的决心抱定了，决定除去杨邠、史弘肇。于是，他先行召开一次御前秘密会议，出席的人物尽是与杨、史两人有嫌隙的角色。

议案通过后，他先向太后报告一声。

太后猛吃一惊后，很持重地道："这是何等大事，怎可马虎从事，应当跟宰相（指苏逢吉，任司空、同平章事）从长计议。"

参谋之一的李业在一边，插嘴道："先帝曾说过，朝廷大事千万不可谋及书生，书生懦怯，最易误人，也最易坏事！"

太后不同意这种看法，认为仍须好好商量。

不料，刘承祐骤然发起皇帝的脾气来："国家的大事不是闺阁的妇女所宜晓得的！"说罢，他拂袖扬长而去。看来，他似乎是在一夜之间长大了。

公元950年十一月，杨邠、史弘肇上朝，全副武装的士兵自广政殿杀出，立斩杨、史二人于东庑下。

聂文进亟召宰相、朝臣列班于崇元殿，宣称："杨、史等人谋反，已伏诛，与卿等同庆。"又召诸军将校至万岁殿庭，刘承祐亲自慰谕："杨、史等人始终把我当作'小朋友'，我已经长大了，现在才真正地做你们的天子！你们放心就是！"

诸军将校等听后，全无意见，皆拜谢而退。

不愿做"小朋友皇帝"的人物，循着历史上诛杀的惯例，一不做二不休，派骑兵收捕杨、史二人的族党，将其一律族诛。接着，刘承祐有意把"杀戮"的范围扩大，血刀的锋刃指向郭威。

四、郭崇威、曹威与郭威

刘承祐差他的另一母舅李洪义去杀侍卫步军都指挥使王

殷,罪名是史弘肇与他特别要好,看来是一党无疑。

他又命令邺都行营马军都指挥使郭崇威、步军都指挥使曹威合力除去郭威及监军、宣徽使王峻。

而且,郭威及王峻在京师的家属早已被杀个精光,即婴孺也逃不过此场浩劫。

这种擅杀大臣及毫无理性族诛无辜的罪行,使内外人心感到万分忧骇。

但皇帝杀红了眼,仍派"砍杀使者"上道。他的母舅李洪义本身很胆小,担心王殷早已晓得而有所准备,所以迟疑着不敢动手。他带孟业一同去见王殷,王殷囚禁孟业,遣副使以密诏送给郭威,郭威立召枢密吏魏仁浦,拿出刘承祐的"诛杀密诏"给他看,问道:"现在该怎么办?"

"你是国家的大臣,功名素著,加上又握有强兵,据重镇,一旦被群小构陷,祸出非意,这不是三言两语能说得明白的,情势已发展至此,千万不可坐以待毙。"魏仁浦做一番客观的分析后,要求立即采取行动。

郭威迅即召集郭崇威、曹威及众将,告诉他们杨、史二人冤死,现在还有密诏要他的老命:

"我与诸位将军披荆斩棘,跟从先帝打下天下,亲受托孤之任,竭力保卫国家,而今杨、史等人已死,我还有啥心情独自活着?诸位将军应当'奉行诏书',把我的首级砍下来,去向皇帝报告,这样才不至拖累你们。"

"皇帝太年轻,他懂个啥?这种行为一定是受小人的教唆！要是让这种小人得志，国家怎么会有安宁？我们愿意跟随您'入朝自诉'，荡涤鼠辈以清扫朝廷，你千万不能让'单使'所杀，蒙受千载的恶名！"郭崇威说出他的意见，也即代表着将领及士兵们的意见。

"徒死无益，不如顺从众位将士的意见，拥兵回邺吧！"翰林赵修己在一边半似敦劝，半似敲边鼓。

大局的骰子就此掷定，郭威留其养子郭荣镇守邺都。郭荣本姓柴，是郭威的妻兄之子，即郭威的内侄。郭威以郭崇威率领骑兵做前锋，自以大部队后继向南开拔。

大梁方面的情况是怎么样呢？

大将慕容彦超正在进食，听到这项紧急情报，舍碗筷而入朝报告，刘承祐把一切军事布置全委给他，然后是准备派兵抵抗郭威南下。前开封尹侯益提出一条颇为精彩的主张："邺都的士兵，其家属都在京师，我们只要不派兵出战，关起城门，挫其锐气，然后叫士兵的家眷到墙头上招降，准可叫全军瓦解。"

"这是衰老的人的懦夫计！"慕容彦超嗤之以鼻。按彦超的意思，一切应全按战争的方式进行。

刘承祐差谍报人员去窥探郭威的行动，谍报人员被捕后，郭威把表藏在他的衣领中放回来，表是这么说的：

"臣昨天得诏书，延颈等死，但郭崇威等不肯奉诏行事，更不忍加害于我，都说：'这是皇帝身边贪权无厌的小人要害您。'逼我南行，诣阙请罪。我求死不得，力又不能制止，几天之内，我一定会来到朝廷待罪，要是您认为我有罪，则请照律法处理。相反，如果有人的确在搞破坏，希望您交出来，执付军前以快众位弟兄的心意。那时，我当抚谕诸军，仍退归邺都。"辞意恳切，态度也光明磊落，但刘天子却不可能有答复，因他明白自己已闯下大祸，正不知如何收拾才好呢。

郭威的大军来到滑州，把滑州的库物全搬出来劳军，并对士兵们训话："听说侯益已督促诸军自南而来，咱们要是同他交战，则不是'入朝'的本意，不战则准被他屠杀，我欲成全你们的功名，不如还是奉行前诏，把我宰了吧，我郭威至死不恨。"

"朝廷对您不起，不是您对不起朝廷，所以人人争相奋勇，像报私仇一样，侯益是个啥玩意儿，能做什么事儿？"战士一致这么说。

王峻乘机对士兵们开出"政治支票"："我要公平地处分，等到克复京城，让你们剽掠十天。"士兵们又失去了原来的光明目标，统统想到发财之路上去，这是做上司的将领率先想做强盗的缘故。

五、赵村的短剧

如今，刘皇帝甚有悔惧之色，私下对窦贞固说："那些人当时行事太草率了。"好像他半点儿责任也不应负。

李业等请尽倾府库以赏赐各军，目的是想用钱财来收买战士拼命。苏禹珪不同意，李业拜禹珪于帝的面前道："相公，且为天子打算吧，不要再爱惜府库！"

苏才点头，于是赐禁军每人二十缗，下军减半，将士在北方者送给其家眷，命令他们通家信，叫他们归来。这步做得虽好，可惜太迟，也买不了人心的向背。

南北两军终于相遇于刘子陂，刘承祐欲自出劳军。太后道："郭威是吾家的勋旧，要不是生死攸关，何至于此，只要按兵守城，用快诏去理谕，看他怎么说，他一定有道理的，则君臣之间的礼节尚可保全，千万出去不得。"

刘承祐不理，当时皇帝的扈从军阵容甚盛。太后向聂文进道："要小心，不可大意！"

"请太后放心！有我在，纵有一百个郭威，准可统统抓来！"聂文进放出这样的豪语。

南北两军对垒至暮，未曾交战，帝还宫，慕容彦超吹起牛来："来日你在宫中无事，不妨再出来看看我如何破贼，我不必跟他们打，只要喉咙放大些，就可把他们叱散归营。"

翌日，刘承祐自不愿失去观看"皇叔""叱散归营"的精彩表演，太后力劝，不听，照看不误！

两军既列阵，郭威诫其部众道："我们是来诛杀一群小人，不是要跟皇帝对垒的，请你们先不要动手。"

但两军不能摆下"打的姿态"而不打呀，战场又不是戏台。夸下海口要把他们"叱散归营"的英雄自引轻骑直前奋击，郭崇威等率骑兵力拒，彦超马倒，要不是部下赶快抢救的话，他差一点儿变成俘虏。彦超挥军撤退，麾下死百余人，于是诸军夺气，士兵多有自动向北军投降的。

傍晚时分，南军多向北军投降，慕容彦超与麾下十余骑潜逃，投奔到兖州去。此君行踪，以后再表。

这天晚上，刘承祐独与三相及从官数十人，宿于七里寨，余众皆逃散。

翌日，郭威望见皇帝的旌旗在高板上，跳下马免胄，自往会晤。等他到达时，皇帝已开溜了！

这时，刘承祐原打算策马回宫，行到玄化门，前平卢节度使刘铢叱问皇帝左右："兵马到哪里去了？"

其实这一问是多余的，刘铢心中早已明白，随即拔出箭来，乱射皇帝的左右。刘承祐看大事不妙，拨转马头，向西北逃走，逃到赵村，追兵已到，刘承祐跳下马，奔入民家躲避，被乱兵砍成肉块。

苏逢吉、阎晋卿、郭允明等人皆自杀，聂文进独自逃走，被军士斩杀，李业奔陕州。"群小"的下场像一只只的小耗子，非逃即死。天地虽大，已无地容身，这是自作孽的角色应有的下场。

当郭威听到刘承祐被杀，号哭着道："老夫之罪也！"

六、胜利的即期支票

战胜的总司令郭威自迎春门入，回到他的私第休息。

诸军照着王峻所开的"支票"在街上大掠,整个夜晚,烟火四起,兵仗火势,火助兵威,到处尽是劫掠取财、杀人越货的"土匪兵"。由下列数事,可见一斑:

其一,军士侵入前义成节度使白再荣的公馆,先抓住"老白",再从事洗劫,后来想想不妥:"我们曾做过他的部下,一旦放肆到这种地步,还有啥面目再相见!"于是手起刀落,白再荣的首级被扔了出去。

第二,吏部侍郎张允家资以巨万计,但此君秉性悭吝,即使是对妻子也不放心委以钱财,他总是把成串的钥匙系在裤带上,行走时一如环佩,铮鸣有声。这天夜里,他躲在佛殿的天花板上,只因陆续来躲的人太多,天花板塌了,统统坠了下来,士兵们把"老张"的衣服剥光,致使他活活冻死。

第三,魏仁浦的死对头贾延徽,这天被逮到。贾与魏是邻居,贾想吞并魏的房子来扩建自己的宅第,仗着刘承祐对他有宠,老想倾陷魏仁浦。现在贾延徽既被士兵逮来,按一般常理,现在正是魏仁浦报复的大好时机,但魏仁浦不愿这样做:"因乱而报怨,我所不为也。"遂命令把他放了。宽恕永远胜过报复,后来郭威晓得魏有这般的正义行动后,格外看重他。

第四,右千牛卫大将军赵凤,看到"土匪兵"横行不法的状况后,慨然道:"郭侍中举兵南下,目的无非是清扫皇帝身边的那些妖孽,以期安定国家,而今'鼠辈们'这般猖獗横行,分明是土匪,这哪里是郭侍中所希望的行为?"遂搬出胡床,置于巷口,作为障碍,手执弓矢,凡想前来打劫的土匪兵,辄被射杀。一条里巷,靠他一人防守,总算获得安全。

侍卫步马指挥使王殷,目击官兵比土匪还要凶横、残暴的情势,戚然向郭威道:"要是继续允许他们剽掠的话,看样子,今夜这座城市会立即变成'空城'。"

郭威才命诸将分部禁止,土匪兵不理,因他们手里握有监军、宣徽使王峻的"听旬日剽掠"的"定期支票",诸部将无奈,只得斩杀一些执拗的,至天亮时,情势才被控制了下来。

七、李三娘

如今,该轮到太师冯道出场了。他率领百官谒见郭威,一见面,彼此互相揖拜,一如平时,太师慢吞吞地慰藉道:"侍中这趟回来,很不容易!""本来就是!"

之后,郭威率领百官入朝,问太后起居,且奏军国大事,第一件是"国不可一日无主,请早立嗣君"。在一大堆候选人中,他们最终挑中了河东节度使刘崇(刘知远的弟弟)的儿子刘赟(时任武宁节度使)来继承大统,当即差太师冯道择定吉日,备下法驾到徐州去迎迓。

在新皇帝报到前的这段时间,郭威认为,应请太后临朝听政,李三娘遂正式摄政,虽然大权落在郭威的手里,但郭威尚能谨守臣节，一时并无跋扈凶肆的行为。在李三娘的名义下，在此不得不略行陈述朝廷一些方面的政治措施：

第一，窦贞固、苏禹珪从七里寨逃归，各自匿居起来，郭威使人寻访后，不久即恢复其原有的职位。

第二，郭威在讨伐三叛将李守贞、王景崇、赵思绾时，每见朝廷的诏书，处分军事问题，皆合机宜。于是他询问使者是哪个起草的？使者回答是翰林学士范质。郭威认为他是宰相的候选人才，入城之后访得范学士。郭威非常高兴，当时刚下大雪，郭威脱下所穿的紫袍相赠，这是礼遇优渥的行为。后来，在迎新君时，所草的太后诰令全是范学士捉刀的。

第三，诛杀镇宁节度使李洪义、前平卢节度使刘铢及其党羽，皆枭首示众，而赦其家。在一片循环报复的"族诛"声中，能够"赦其家"值得大书特书。为了这件事，郭威亲自向公卿们解释："刘铢残酷地屠杀我的全家，即妇孺婴孩皆所不免，要是我也报复式地屠杀他的全家，则怨仇反复，试问要到哪一天才能解？"这是很了不起的宽恕行为，可能是受了魏仁浦宽谅贾延徽的影响。

刘铢被捕时，问其妻道："我死之后，你大概会被官府派做人家的婢女吧？""以你的所作所为，那是绝对必然的！"妻子坦然回答，盖她已认定，丈夫的可耻行径，她是须负连带责任的。出乎意料的是，郭威不是他夫妇俩心目中的那种人。她——不但是她，全家全族均免挨钢刀。

八、黄袍加身

公元 950 年冬，镇将奏报，契丹数万骑入寇，攻入内丘，并实行屠城，又陷饶阳，情势危急。

太后敕郭威率领大军出击，国家大事暂委于窦贞固、苏禹珪、王峻等三人，军事委给王殷。

十二月，郭威从大梁出发，至滑州，留此数日。

当是时，赴徐州迎新君的冯道太师及刘赟等一行已循东道西来，路上的仪仗和卫队完全是"王者"的派头，左右均呼万岁。新皇帝相当会"做人"，尚未即位，得知郭大将军率军御敌，立差使者到前线劳军。但是，情势完全不是那么回事儿，使者在劳慰诸将时，诸将你看看我，我看看你，互相瞪着眼睛而不拜谢皇恩，竟有将士互相如此耳语：

"我们屠陷京师，罪已滔天，要是让姓刘的继续来做皇帝，则恐怕我们以后是不会有好下场的。"

郭威也曾零零碎碎地听到一些，遂暂时选择不管，保卫边疆才是顶要紧的事，于是他催促将士出发到澶州。当郭威再想从澶州北上时，将士们可不答应，数千人大吵大闹，郭威令卫兵关门，将士之中有的已跳过围墙，有的爬上屋顶，集体来到郭威的面前：

"皇帝一定要你郭侍中来做，我们已跟姓刘的结下梁子，所以也不可能会拥护他。"

性急的将士已把黄色的大旗撕下来，算是临时的"龙袍"，把郭威整个身体包起来，共同扶他登座。然后，一众将士此起彼落地高呼万岁，欢声震动天地。

在五代，这类暴兵拥立皇帝的活剧，随时随地都在上演，但澶州戏台上的郭威皇帝，演得较有声有色，也较为成功，堪与后来陈桥兵变中的赵匡胤媲美。所以，郭剧该是赵剧的序幕。

此时，大梁已成为"政治的熟苹果"，有两路人马都想捷足先登：一路由北方南下，那是郭威的集团军；一路由东方向西推进，这是刘赟的一系。

郭威集团在路上，即上太后牍，条件是请奉汉宗庙，事太后为母。换一句话说，李太后可以不动，但汉的继承权该由郭威来承担。刘赟呢？自然不容许他问鼎。郭威同时下书抚谕大梁士民。一行人马，来到七里店。宰相窦贞固率领百官出迎拜谒，从而劝进登基，郭威遂暂时驻扎于皋门村。

九、宋州城楼会

由东向西渐进的那路人马，来到宋州时，已听到前线的澶州兵变。在尘埃落定之前，为持重起见，"临时皇帝集团"暂行驻扎于此。

大梁方面怎么来处理这项棘手的问题呢？王峻、王殷听到前线兵变，已倒戈南下时，遣侍卫马军都指挥使郭崇威率领七百名骑兵前往阻拦。

但是，郭崇威并不去抵拒南下的郭威集团，相反地，他却自动开拔，直驱宋州，列阵于该府门外。刘赟得报后大惊，下令四门紧闭，然后登上城楼问他为什么开到这儿来。

"因为澶州兵变，郭侍中恐怕您未能明了个中内幕及真相，所以派本人前来宿卫，并无别的动机，请您放心好了！"郭崇威把此行的动机做一简略报告，表明并非自己有意要跟他过不去。

"那么就请郭将军进城，咱们聊一聊，做个朋友呀！"刘赟乘机拉拢关系。

"……"郭崇威慎重起来，他不愿单枪匹马地进去。

和事佬冯道出面保证，郭崇威乃进城登楼，拜见皇帝，刘赟对这位貔貅在握，也能左右政局的风云人物执手而泣，郭崇威尽其所能地安慰了一通。然后，他辞别下楼归队。

跟随刘赟西行的徐州判官董裔，看出这绝不是好苗头，于是劝刘赟道："我细细地观察郭崇威的言辞行动，一定含有极大的阴谋。根据'马路新闻'，郭威已自立为帝，而您还继续西行，这不是自投罗网、深入虎口吗？请您赶快召护圣指挥使张令超——跟冯道一起被派去迎接圣驾的'保卫团团长'——把当前的情况分析给他听，要他坚决地站在我们这一边。趁着今夜，令张令超出兵劫郭崇威，夺其骑兵，明天咱们抢掠睢阳城的府库，一面犒赏士兵，一面再募新兵，增加实力，然后北走晋阳，到您爸爸刘崇那儿去。因为这个时候，他们新定京邑，绝对没有工夫来追我们，怎么样？"

刘赟一时想不出更好的办法，犹豫不决。

不料就在这晚，张令超被郭崇威收买了过去。

刘赟连保卫的人员都没有了，惶惧无策，而郭威的"限时专送"函来了，"召冯道先归"。

冯道立刻告辞启行，刘赟无可奈何地问道：

"我此次西行所恃的就是你，因你是三十年旧相，故放心无疑。现今郭崇威把我的卫队全部收买过去，你当替我想想，我该怎样办才好？"

冯道始终不吭气，这是他多年来养成的好习惯，八面玲珑好作相，要是他锋芒毕露，试想三十年间，从燕京的刘守光天子时代到现在，哪还有"冯太师"在的余地？

有一名客将贾贞，看不惯冯道这种"见危不救"的"老油条"作风，很想拔起剑来，把他一挥两段。

刘赟倒动了恻隐之心，反而同情冯道的遭遇，他连忙加以阻止："你们千万不要乱来，大事与冯太师无涉。"

接着，郭崇威逼令刘赟等迁居于外馆，"临时皇帝"被软禁了，自由已向他告别，而且他从此有了个真正的顶头上司——郭崇威。

郭崇威把刘赟的腹心董裔、贾贞等数人铲除掉。

李太后的"诰"公开贴出来了，废刘赟为湘阴公。

后汉亡，时为公元950年，它持续的时间并不长，仅有四年。

十、"黄袍加身"后的新政

公元951年,汉太后下诰,授郭威符宝,即皇帝位。监国郭威自皋门村入宫,即位于崇元殿。颁制如下:"朕周室之裔、虢叔之后,国号宜曰'周'。"然后是改元大赦,全按着封建的那一套手续做去。但新皇帝有几点新政:

一、杨邠、史弘肇、王章等皆追封赠官,以"国葬"礼改葬,访其子孙,追叙录用。郭威不忘旧友情谊,全表现于此;

二、凡仓场、库务、掌纳官吏,均不得收斗余、秤耗;

三、罪人非反逆,不得诛及亲族,没收财产;

四、唐庄宗、明宗、晋高祖,各置守陵十房;

五、汉李太后迁居西宫,上尊号为昭圣皇太后;

六、起用新人物,擢拔三相——李谷、王峻、范质。李谷为转运使,行事唯求尽心尽节,为人沉毅有器略,在皇帝面前讨论问题时辞气慷慨,善譬喻以开主意;王峻夙夜尽心,知无不为,军旅之谋,多所裨益;范质明敏强记,谨守法度。

郭威即位,在国是方面锐意求新。他能够罢各方的贡献,禁止越级申诉,除去牛租,诛戮赃吏……在那个动荡难安的局面下,政绩是斐然可观的。

内政初定后,在地方藩镇大员的处理上,尚有两项最棘手的事情:

其一,慕容彦超由于疑惧而谋反。

其二,刘崇正式宣布独立。

现在分开来讲,以澄清眉目。

十一、不灵的镇星祠

当刘赟匆匆地由冯太师陪着赶赴大梁接受皇冠时,他的部将巩廷美、杨温等镇守老地盘,及闻刘赟做不成皇帝,被软禁于宋州,巩廷美等人即奉刘赟的妃子董氏于徐州拒守,等待晋阳方面刘崇的援兵,有意要构成东西夹击之势。郭威明白巩廷美等人的动机及用意是什么,即命刘赟以手书慰谕此二将,二将欲降,但又惧怕降后免不了一刀。

在犹豫不决之间,王彦超克复徐州,巩廷美等人被杀。

慕容彦超在国是初定之时,即遣使入贡。为避免他疑惧,郭威赐诏以安慰,甚至客气到以兄弟来称呼:"今事已至此。兄言不欲繁,望弟挟持,同安亿兆。"然后加王彦超为奉宁节度使兼中书令。

巩廷美被平定后,慕容彦超疑惧益甚,乃招纳亡命之徒,蓄聚薪粮,准备从事独立的工作。他一面派人暗中与北汉、契丹勾结,一面派间谍诈为商人,求援于江南的唐,使其侵扰周的边境,从而使周前后受敌疲于奔命,计划尚称严密周详。

郭威明了这种情况,派通事舍人郑好谦,重申慰谕,与他宣誓,彦超愈不自安。

公元 952 年春正月,慕容彦超采取实际行动了!他征发乡兵入城备战,并引泗水输注壕中,战与守既齐全,又以旗帜发给各镇将，叫募集群盗剽掠邻境。

朝廷方面的部署是以老将药元福、向训、曹英（曹威避郭威讳，改名英）等以骑兵和步兵进讨。

曹英等将士先击败在下邳的唐援军，然后击退北汉及契丹的援兵于晋州，把彦超孤立起来，接着模仿郭威取河中的战法，以长围围困兖州。

慕容彦超屡出战，总被药元福的骑兵击败，彦超不敢出，仅十余日之间，长围合拢了，遂进攻。

当慕容彦超将反时，一位名叫崔周度的判官进谏："鲁是讲究诗书的国家，自周初伯禽封于鲁以来，就注定不能称霸于诸侯。唯以礼义来守，则可世代承继；您跟朝廷并无半点嫌隙，只是自疑罢了！"

彦超大怒，把他送上断头台。盖慕容彦超是目不识丁的人物，江湖术士对这类角色最有办法。一位术士就曾这般对他说：

"镇星行到角、亢，角、亢乃兖州之分，其下有福。"

彦超乃立祠祈祷，并令民家皆树立黄幡。

曹英攻打一个多月，始终无法攻下，在大梁的郭威急了，亲自到前线指挥。当到达兖州时，郭威还客客气气地使人诏谕，不料反挨了慕容彦超一顿臭骂。皇帝只得下令，诸军进攻。

各路军马均加紧进攻，而生性贪吝的慕容彦超犹自藏匿珍宝，不肯拿出来劳军，于是人无斗志，其将士多陆续出城投降。

官军破城了！正在镇星祠祈祷的慕容彦超听到消息后，立即率众力战，无奈大势已去。于是，他自动放起一把火把镇星祠焚烧，携着老妻共同去跳井。

榆林店的英雄落得如此下场。其子出走，被官军追获后，一并处斩。官军又在城中大掠，情况完全是进入大梁时那一幕的翻版，官军屠杀了一万多人。

十二、儿皇帝第六

最初，河东节度使兼中书令刘崇，听说隐帝刘承祐遇害，欲起兵南下，也来中原逐鹿一番，后听说将迎立他的大少爷刘赟，他才浅笑盈盈地道："我儿为帝，我又有什么话可说。"

太原少尹李骧私下给他出谋划策：

"依我个人的看法，郭威是打算做皇帝的。您最好赶快出兵越过太行山，占据孟津，等到徐州方面刘少爷的宝座坐定后，咱们再回镇，则老郭必不敢乱动歪脑筋，不然，准另有苗头。"

"酸溜溜的腐儒，居然想离间我们父子！"刘崇的无名火骤被燃亮，气呼呼地道，"来人呀！把这腐儒给我推出去！"

"我空负才能，现替愚人想办法，怪不得要'招死'，死无所谓，但家里尚有老妻，希望一同到'阴间'去。""成全他！"刘崇一不做二不休，把"老李"夫妇干掉。

刘崇处理了李骧的问题后，即向大梁报告，以表示归顺拥护，并无二心。但事态的发展完全相反，刘赟被废弃、被软禁，刘崇请求让刘赟回归晋阳，朝廷哪会轻易答应，并劝其同力相辅，当加官晋爵，永镇河东，以示笼络。

最后，要来的事终于在不久后来到，刘赟于宋州被杀。就在刘赟被杀的同一天（公元951年2月24日），刘崇自行即位于晋阳，沿用汉隐帝时期的年号，统辖地共有十二州，同时封拜了文武百官。

刘崇老老实实地对着臣僚道：

"我以为，高祖（指刘知远）的基业一朝坠地，这是对他不起的。而我的即位，也是出于万不得已。你们看，我哪里像个天子的样子？你们也不像个节度使。"因此，他不建立宗庙，祭祀一如家人。宰相的薪俸每月一百缗，节度使每月二十缗，其余的按比例递减！正因如此，北汉境内很不容易找到一个廉吏。

刘崇即位那天，正是他的儿子在宋州魂归"离恨天"之日。消息被证实后，刘崇哭起李骧来："我不听忠臣之言，才会弄得如此！"当即替李骧立祀，岁时恭祭。

刘崇斟酌自己不是大梁的敌手，乃把石晋向契丹求援的故事原原本本地搬出来"拷贝"，主其事的干员是二少爷刘承钧，其时官拜侍卫亲军都指挥使、太原尹。双方书信来往的称呼是"侄皇帝"致书于"叔天授皇帝"。契丹不喜欢"侄"，改为"儿"，按本书的排列，该是"儿皇帝第六"。

北汉会合了契丹，入寇晋州。

郭威派王峻为行营都部署，将兵赴救，诏各路军马均受王峻调度，许以便宜从事，得自选择将使。王峻出行，郭皇帝亲至城西饯别。

王峻留陕州旬日，不进。郭威担心晋州会失守，下诏亲自西征，王峻对着来到陕州催其上道的使者，要他回去对皇帝道：

"晋州城池坚固，一时尚无问题，刘崇兵锋方锐，不可力争，所以驻兵于此，正欲待其士气颓衰，绝对不是我怯弱，请尽管放心好了！陛下刚刚即位，尤其不宜轻举妄动，否则车驾一旦出汜水关，则东方的慕容彦超马上直趋大梁，到那时候，就大势已去了！"

郭威听完报告后，用手拉拉自己的耳朵："我几乎又行错了一步棋。"从此他放下心来，一任王峻破敌。

王峻至蒙坑，时大雪遍地，野无所掠，刍粮告乏的北汉军，即烧营夜遁，契丹兵也溜之大吉。王峻入晋州，诸将齐请亟行追赶，峻较持重，犹豫未决。翌日，王峻即遣药元福、仇弘超、康延沼等率骑兵追击，追到霍邑，纵兵奋击，北汉兵多坠落崖谷，死者甚众。

霍邑道隘，康延沼畏懦，不欲急追，因此北汉兵才能完全撤退。药元福说："刘崇出动了全部军力、挟仗胡骑作为外援而来，其志在并吞晋、绛。今气衰力惫，狼狈而逃，如不乘此良机，实行扑灭，以后仍是咱们的后患。"无奈诸将不愿追，稳健的王峻又派人来阻止其前进，只得就此作罢。

北汉土瘠民贫，内供军国的税赋，外供契丹的财帛，赋繁役重，老百姓委实无法吃得消，因之多有逃入周之境内的。

郭威在北方赢得北汉，在东方又赢得慕容彦超的两大战役后，享了三年皇帝的清福，辞别了人间（公元954年）。他的养子晋王柴荣（即郭荣）继位，是为后周世宗。

第十二章
奋发踔厉、干劲冲天的年轻皇帝：后周世宗柴荣

一、高平之役

在五代中，后周世宗柴荣是位卓尔不群、奋发有为的青年君主。在他即位之日，北汉又引辽兵南下入寇，屯兵于梁侯驿。

周将昭义节度使李筠遣将逆战，中伏，被俘斩千余人。李筠退回潞州，婴城自守，等待救兵。

柴荣闻报后，欲自将亲征，群臣劝他应多多慎重。柴荣的看法则不以为然："刘崇听到太祖晏驾，才会发动这场战争，他认定我年纪轻，刚刚即位，未必得到百姓的拥护，所以我料定这趟他一定亲来，并有吞并天下的雄心，因之我不得不亲自前往，去和他周旋。"

太师冯道竭力反对，但王溥却赞成皇帝亲自出征，柴荣采取了后者的建议。

柴荣把各路军马调度一下后，即行出发，至怀州，欲兼行速进。控鹤都指挥使赵晁私下跟通事舍人郑好谦道："贼势正

盛,应当持重,以挫其锐气。"

不知高低的郑好谦即把此言转告,柴荣大怒道:"你怎么也说出这种话来?一定是受到别人的指使,说出那个人来,不关你的事,否则你可当心,受刑有你的份。"

郑好谦照实说了,赵晁被械送到地方监狱去。因为新皇帝不喜欢军前仍有"失败主义者"散布谬论,以动摇军心。

新皇帝来到高平,与刘崇发生了一场激烈的殊死战。当天东北风劲吹,接着忽转南风。北汉认定风势有利于他们,先行攻击。

不料,两军刚接触,周右军将领樊爱能、何徽突引兵遁逃,右路军遂溃散,步兵千余人自动放下武器,齐呼"万岁",向北汉投降。

柴荣目击军势危殆,自督亲军,冒着矢石,指挥杀敌。

其时,涿州人氏、官拜宿卫将的赵匡胤对同列的人道:"皇上这般危险,我们哪能够不出死力,为国牺牲……"又对张永德(郭威的女婿,官拜殿前都指挥使)道:"贼气骄锐,力战准可把他们打败,你麾下都是擅长左射的弓箭手,请你带领着朝西路出,作为左翼,我率领的士兵作为右翼,共同奋击,国家安危,在此一举。"

张永德遂率领两千余人向左翼进攻。赵匡胤身先士卒,驰犯敌锋,士卒死战,无不以一当百,北汉兵披靡。

内殿直马仁瑀高声对士兵喊道:"皇帝被敌人包围于此,还要我们这些人来干什么?"跃马引弓,大呼连毙敌人数十名,士气益振。

时南风益盛,周兵争奋,北汉兵大败,其骁将张元徽于此役中为周兵所杀。

当时北汉刘崇尚有余众万余人,阻涧而布阵。傍晚,周朝河阳节度使刘词带着后备军赶到,复与诸军共奋击,北汉兵大败。周军追至高平,敌人尸满山谷,委弃御物及辎重、器械、杂畜,不可胜计。

刘崇一败涂地,在高平穿上平民服装,戴着斗笠,乘着契丹所赠的黄骝马,率领着百余名骑兵,从雕窠岭遁走。其时天色昏暗,刘崇行迷途,请村民做向导,误导到晋州,行了百余里才发觉,乃斩杀向导,然后兼程北归。一行人在途中稍作停歇,正弄点什么来果腹时,一经风传"周兵来了",辄仓皇奔逃了事,其狼狈如此。"刘儿皇帝"已年迈力衰,困顿疲惫地伏于马背上昼夜奔驰,最后被抬回晋阳。

另外,周大捷之夜,柴荣与战胜的士卒同在旷野中露宿。投机分子樊爱能、何徽两位临阵变节的大将,听说周兵大捷,又偷偷地带着士兵溜回来。

翌日,柴荣下令斩杀那批在阵前叛变的步兵。

叛卒问题处理后,叛将问题倒困扰着这位年轻有为的新皇帝。

柴荣于某一个中午午睡过后,恰巧碰到张永德值班,精力充足的皇帝即把这个恼人的问题提出,探询他的意见。

"樊爱能等人素来并无了不起的大功,忝居节钺的大位,竟望敌先逃，阵前叛变，万死不足以辞其咎！且陛下正欲削平四海，要是连最最紧要的'军法'都无从建立起来，那么纵使有熊罴之士百万，你又拿什么来制御、来约束呢？"张永德的分析鞭辟入里，并指出这是"整肃将士"的好时机。

"对！对！"皇帝高兴得把枕头扔在地上直跳起来，"把樊爱能、何徽等逮起来！"

叛变的降将及所部军使以上共七十余人统统被逮到皇帝的面前。柴荣以天子之尊，骤像"军法处处长"般当面斥责道：

"诸位将军都是累朝的宿将，战争在你们看来轻松平常。那么为什么能战而不战，弄到临阵一窝蜂地逃奔、叛变、投降呢？这个没有别的理由可说，我早已弄明白，你们不过是希望把我当作可居的'奇货'，好卖给刘崇去做升官发财的资本罢了！"皇帝越说越来气，回过头来，对着侍候于两边的刀斧手："统统交给你们！"

于是，这一批投机分子的首级被砍下来示众。

何徽也是其中之一，柴荣念着他先前守晋州有功，欲破格赦免，继而一想，不对，"法"面前是人人平等的，遂一并交斩。为体念其先前有功，柴荣特别拨一"运尸车"将其送还家属，以示皇恩优渥。

这种大刀阔斧、循法唯严的大胆作风，使养成多年坏习惯的骄将悍卒都怀着戒心，明了新皇帝绝不是睁一只眼、闭一只眼，专行"姑息之政"的人物。于是，周一改梁、唐、晋、汉四朝之积习，五代至宋的政风、士气之丕变，实以此为嚆矢。

有罚必有赏，罚行过后，当然是行赏。皇帝嘉奖高平之役有功的将领，李重进、向训、张永德、史彦超、马仁瑀等均得擢升，而赵匡胤临阵表现其智勇，尤为难得，特擢为殿前都虞候领严州刺史，赵匡胤从此崭露头角。其余将领拜迁者凡数十人，士卒有自行伍之间骤擢为主军厢者。经此一事，周世宗的行政措施，已初步进入轨道。

最初，柴荣遣符彦卿等将领北征，欲耀兵于晋阳城下，表示南方的武力，并未有意攻取。现在，皇帝既已深入北汉国境，老百姓都争以食物来慰劳周军，并泣诉刘崇的赋税徭役太重，实在吃不消，因此愿意协助周军，攻下晋阳。而北汉附近的州县，多有向周投诚的，至是，皇帝才发下"兼并"北汉的志愿。

柴荣当即遣使者前往与诸将领商议，诸将都说是"刍粮不足，请且班师，以俟再举"。

皇帝大不以为然，不吃这一套。

接着，皇帝接获报告，说驻扎于太原城外的军士们多效仿契丹的那一套，偷偷地实行"打草谷运动"，老百姓们很怨恨，自行入山藏谷的多的是。皇帝认为，这是绝对要不得的，遂驰诏严禁剽掠，安抚农民，止征今年的租税，募求愿意输粟的百姓并予以入官拜爵。这是解决当时军粮不足的权宜办法，并非皇帝有意卖官鬻爵。另外，柴荣复征潞、晋、绛以及山东周边诸州的百姓运粮以馈军。由此可见，当时前方军粮匮乏，但周世宗是一位开明的人物，他想到了军队，更体念到了百姓。

这是高平战后第二个月的大事记。就在这个月里，太师兼中书令冯道辞别人世。冯道在河北天子刘守光时代已小有名气，至后唐庄宗李存勖即位，他已显贵了。自此以后，累朝不离相、三公、三师之位。冯道为人清俭宽宏，人们都莫测其喜怒，滑稽多智，浮沉取容，八面玲珑，尝作长乐老叙，自述累朝荣遇之状。时人多推崇他有"德量"而并不厚责他的"迎新送旧"并将之视为家常便饭，以保一身一家的光荣。

二、高锡的言论

公元954年五月，柴荣下决心破北汉，征发民夫壮丁，东自怀、孟，西及蒲、陕，范围不可谓不广，人数不可谓不多。当他自行亲征，至晋州城外，光是环城排列的旗帜就有四十里之长。

北汉大恐，求救于契丹，契丹派数千骑兵屯驻于忻州、代州之间，遥为声援。

周遣符彦卿将步、骑兵万余名痛击，彦卿入忻州，契丹退守忻口。符彦卿南请增兵，帝派李筠、张永德率三千兵赴援，时契丹的游骑兵突至忻州城下，符彦卿暨诸将列阵以待。史彦超率领二十名轻骑为前锋，猝遇契丹，战斗乍起，李筠率后军猛冲，杀死契丹兵两千余人。但史彦超恃勇轻进，离开本部队太远，敌人反攻，遂遇害，李筠仅以只身逃回，周兵死伤很多，显然这是中伏的后果。符彦卿不得已，退保忻州，不久之后,全军撤退回晋阳。

晋阳城被包围,但并未攻克,又碰上长期的梅雨,士兵们多患病,现在再加上史彦超将军的挫折,柴荣在众人的建议下只得班师回大梁。

这次北伐是违背"众议"的行动。由于北伐失利,在回朝后,柴荣不管政事大小,一概"亲决"。换句话说,皇帝开始独裁,百官变成了奉行皇帝命令的"办事员"。

河南府推官高锡看出,这种恶劣现象必招致严重后果,遂婉转上书:"四海之广,万机之众,虽尧、舜不能独治,必择人而任之。今陛下一以身亲之,天下不谓陛下聪明睿智足以兼百官之任,皆言陛下褊迫疑忌举不信群臣也!不若选能知人公正者以为宰相,能爱民听讼者以为守令,能丰财足食者使掌金谷,能原情守法者使掌刑狱,陛下但垂拱明堂,视其功过而赏罚之,天下何忧不治!何必降君尊而代臣职,屈贵位而亲贱事,无乃失为政之本乎?"

高锡的言论是正确的,用意是良佳的,换言之,他在替皇帝上课,要求政治趋向开明,而不是采取个人的专断独裁。无奈皇帝此时因军事上遭受挫败,心情忧郁,故不理会高锡的那一套。在一千多年前的封建社会中,君主专制独裁,原不算一回事,因皇帝自认聪明睿智,的确足兼百官之任。后来的明太祖朱元璋,也原原本本地表演着这一套。

这次北伐虽未攻克晋阳,但北汉的刘崇再也不敢轻视南方的力量。对后周来讲,北方从此无警,边境宁谧。对北汉来讲，刘崇三月在高平吃了这场仓皇夜遁的大苦头，五月又陷入重围，衰老侵其外，忧烦蚀其中，在内外夹攻下，"儿皇帝第六"的他于这一年（公元954年）的十一月，四脚朝天，翘了辫子。

刘崇次子刘承钧监国，"刘监国"蛮"懂事"，把老头子死亡一事，先向契丹主子"告哀"，不像石重贵一样自行"发丧"，招致"祖皇帝"的南下"修理"。

契丹遣骠骑大将军知内侍省事刘承训，册命刘承钧为北汉皇帝，更名为刘钧，是为北汉孝和帝。史书上说，这位刘钧，尚称勤政、爱民、礼士，社会初安，立国有点样子。这位偏安于山西的"好皇帝"，在对外上，每上表于契丹时，总是称"男"，而契丹主赐给他的诏书，则称"儿皇帝"，儿就是男，男就是儿，原是一样的。所以，依本书所排列的"儿皇帝座位表"，他该是第七号。

刘钧与柴荣均是颇为难得的年轻有为的"皇帝"，但刘钧一见契丹的使者，便矮了大半截。相反地，后周世宗柴荣则日夜以"灭契丹而朝食"为务。

三、征淮南，收江北

公元955年，励精图治的皇帝对着宰相道："我老是在研究怎么样才能把政治搞好，有时候搞得废寝忘食，却始终不得要领。自唐晋以来，吴、蜀、幽、并等全是独立地区，未被统一，宜命主其事的近臣撰著《为君难为臣不易论》及《平边策》各一篇，拿来让我过目。"

在当时一片守常、安乐、沓泄的风气中，独郎中王朴献策，他有谋能断，对开疆拓土有所规划，柴荣非常欣赏其不可多得的器识，不久即擢升他为左谏议大夫知开封府事。

柴荣采用了王朴建议中的"避实击虚"法以收取江北诸州。

十一月，柴荣发表李谷为淮南道前军行营都部署，督侍卫马军都指挥使韩令坤等十二将攻取南唐。

为了攻唐，柴荣先命武宁节度使武行德征发民夫，就故堤疏导向东直到泗上。因为汴水自唐末溃决，自埇桥东南全是污泽，因此皇帝才有了这项重浚的计划。但一般臣僚都认为不易成功，柴荣道："数年之后，一定会获得其利的。"

征唐大将李谷攻寿州，久久未曾攻下，唐将刘彦贞引兵来救，李谷退保正阳（关）。

刘彦贞素来骄横，并无才略，更不习军旅，所历藩镇，专为贪暴，积财巨亿，以赂权要，由是权贵争相称赞他。换一句话说，他能独当一面成为要员，是靠"红包"的力量，如此窝囊的角色还能有啥能耐？后续事态的发展不难想见一二。当他听到李谷撤退时，即挥军直驱正阳，旌旗辎重数百里，唐将清淮节度使刘仁赡——一个非常难得的战守俱佳的能将——劝他要慎重。他不听，赶到正阳关外，为李重进砍杀，军队被斩首万余级，伏尸三十里，军资器械三十余万尽为后周所得。此时江淮久安，人民不习战事，现见刘彦贞败了，唐人莫不大恐。

柴荣驾至正阳，以李谷有误戎机为名，降其为寿州行府事，以李重进代其职。帝至寿州城下，扎营于淝水之阳，命诸军团征发附近各州府的丁夫数十万以攻城，昼夜不息。

与此同时，柴荣另拨一军，命赵匡胤率领，兼程直扑清流关，目的在取滁州，直捣江陵的心脏。唐将皇甫晖等列阵于山下，正与周的前锋交绥间，赵匡胤引兵出其后，皇甫晖大惊，逃入滁州，欲断桥自守。赵匡胤跃马挥兵，涉水直抵城下，晖道："人各为其主，让我列阵后再决一战！"

"行！"赵匡胤笑笑，允许了。

皇甫晖整众而出，赵匡胤拥马颈突阵而入，放声喊道："我只抓皇甫晖，旁人不是我的敌手。"持剑袭击处，正中皇甫晖的脑门，皇甫晖被捕，滁州遂告克复。

皇甫晖后来被解去见周世宗，因伤势很厉害，只能躺着见帝，道："不是我不忠于所事，只因士卒勇怯不一，所以才会弄到今日这般田地。我从前跟契丹作战，未曾见到这样的精兵。"又盛赞赵匡胤的英勇。柴荣把他释放，数天后，皇甫晖死了。

唐主李璟遣使求和好，愿以"兄礼"事周，周世宗不理会。

皇帝侦知扬州无备，命韩令坤等率兵攻击，由此，从军事地理上看，金陵陷入钳形攻势！

四、和平难求

唐主李璟因兵屡败，深惧就此覆亡，乃遣翰林学士户部侍郎钟谟、工部侍郎文理院学士李德明奉表称臣，请息兵修好，献上御服、汤药及金器千两、银器五千两、缯锦二千匹，犒军的物资是牛五百头，酒二千斛。

使者来了，柴荣晓得钟、李两人全是能言善辩之士，不欲其逞口舌之强，乃盛列甲兵，然后接见。俟一见面，世宗劈头就说："李璟自称是唐宪宗李纯的后裔，那就更应该跟别国不同，更应知礼义才是。他与我仅一水之隔，却从未遣一个使者来修好，倒是泛海去和契丹和好，舍弃华夏而侍奉夷狄，他懂个屁礼义？而且，你们俩打算游说我罢兵和好，我不是其他六国的'笨蛋帝王'，给你们一说就行的！回去对李璟说，快点来看我，再拜谢过，则彼此无事，否则我要自己去参观金陵城，借你们的府库来劳军，到那时，你们千万不要懊悔。"钟、李二人战栗得一句话也说不出。

周的东路军司令韩令坤已攻拔扬州，并袭取泰州，控制大江以北的下游。

李璟忧惧，命礼部尚书王崇质奉表入见，表示"首于下国，俾作外臣"，献上的礼品是金千两、银十万两、罗绮二千匹。

可是，柴荣绝不以此为满足！

李璟又派司空孙晟及李德明为使，向世宗谈判，愿去帝号，割江北六州，岁输金帛百万，以求罢兵。

柴荣以为淮南之地已大半为周的领土了，且诸将捷报频传，故欲尽得长江以北之地，硬是不答应。

柴荣差人送李德明归金陵时，附带一诏书，辞极严峻，并带有高度的威胁："……俟诸郡之悉来，即大军之立罢。言尽于此，更不烦云；苟曰未然，请从兹绝……"

李璟复上表称谢，李德明在一边敲着边鼓，盛称世宗威德及甲兵之强，劝其割让江北之地。李璟很不开心，有人因而潜说德明卖国求荣，李璟大怒，斩德明于市。

于是，三度求和而不得的李璟做了一番军事部署，实行反攻，以造成谈判的有利条件。

唐右卫将军陆孟俊，就是禀衔此项使命在泰州反攻的，事态的进展颇为顺利，一举而告克复，当即进攻扬州，周将韩令坤弃城而逃。但周世宗立遣张永德率兵来救，韩令坤又入扬州。另外，世宗又遣赵匡胤屯兵六合，遥为扬州声援。赵匡胤下令："随便哪一个扬州兵，只要他再逃入六合的话，立即砍断他的脚跟。"这项命令分明是叫韩令坤死守扬州，不能随便擅离职守。

唐的另一路反攻部队由齐王李景达统领，约二万人，自瓜步渡江，径奔六合，然而于距离该州二十余里的地方，即设栅不进。

周诸将欲进攻，赵匡胤不允许，他有独特而精辟的见解："他们设下栅栏，目的已不在进攻，而是在守，这就表明他们已有几分惧怕咱们呀！如今，咱们不过两千人，要是咱们先去进攻，那他们不是就一目了然了吗？不如等他们先动手，那时咱们准可把他们打垮。"

情势的发展一如赵匡胤所料，数天后，等得不耐烦的唐军遂向六合开拔。赵匡胤挥军奋击，大破之，砍杀及俘虏五千余人，南唐军余众尚有万余人，争相渡江，因争舟摆渡而溺死的不计其数。这一役打下来，南唐的精锐彻底垮了！

当战争在进行时，赵匡胤假装"督战"，实则秘密调查将士的战况与战果。一些战斗不力的将士，"老赵"统统用剑在他的皮笠上斫一下，隔一天，他再检阅那些皮笠上有"剑痕"的，把他们拉出去斩首。从此之后，士卒们无不奋勇争先，谁也不敢马虎从事。赵匡胤一军的战斗力就是这般由他一手培植出来的。

当此之时，诸军虽昼夜攻城，却无法攻下，又碰上大雨，营中水深数尺，攻城器具及士卒散失与逃亡的日有所闻。最糟糕的是，粮草不继，而到金陵去的李德明又无回音，于是有人提议回师。又有人献议，说是寿春打下了，皇帝要到濠州去！柴荣就这样到了濠州，然后到涡口，本欲"自取扬州"，但韩令坤已告克复了！柴荣乃留李重进等围攻寿州，自回大梁。

五、白甲军

趁着周、唐两军陷入"持久战"，不可不补叙一般百姓的苦况及其于失望之余的行动。

南唐的疆域相当于现在江西的全省和安徽南部、江浙各一部分。在这四省中，沿海出产盐，巢芜盆地所无。巢芜盆地却是鱼米之乡，皖浙丘陵地带则盛产茶叶，而武夷、祁门、六安等名产尤为知名。

李璟是个"有经济眼光"的人,他在国境内推行"博征政策",即以茶盐强行配给,或半自动交换粟帛。这一措施并不是自由买卖,人民的心中自然不会十分乐意。

南唐又在淮南地区大兴"营田",这一举措相当于"战士授田",民众目睹着自己胼手胝足的圩田湖荡,平白无故地被"营化"了,这是他们最不甘心的。

南唐这两项"苛政"就如两根刺一样,扎在百姓的心坎上,南唐百姓对李璟可谓毫无好感。柴荣的大军一来,民众欢天喜地地争相捧出牛酒来劳军,满以为周军总该较唐军好些吧。嘿!大谬不然也,周军的那套"土匪作风"依然存在。将领们既不多加约束,士兵们乃于战斗之余,又多了一项顶顶要紧的事要干,即专事劫掠,杀人越货,无所不为。

征服者视民众如草芥,民众于失望、愤愤之余,却不愿自视为草芥。于是,民众觉醒了!他们要以自己的力量来保卫自己,因为世上唯有以自己的力量来捍卫安全和自由最靠得住,除此之外,别无第二条路。

民众们自相结合在一起,有的缘山立寨,有的凭泽设堡,武器虽然窳劣,但"有"总比"无"强,即使农具锄耙,也全是战斗的工具。而历来的战斗,人力加上勇气和目标,才是制胜的因素。

农民军并没有一套像样的战衣、战袍,他们用纸一张张、一沓沓地裱着,然后把它当作战衣穿上出阵御敌,时人给他们起了一个带有几分讥诮的称呼——白甲军。

白甲军的服装如此不整,战具如此窳劣,但他们却打出了最漂亮的仗——光荣的胜仗。

周世宗的部队是中原的劲旅,是契丹的克星,是当时六国中唯一训练有素、配备齐全、久经沙场的军队。像这样的百战雄师,理当所向无敌才是!它对南唐可谓"攻无不克、战无不胜",但奇怪的是,这样的劲旅却没有一次不吃白甲军的败仗,就连以前所占的一些次要的州府,也全吐还给白甲军。白甲军呢?当然不愿也不欲据为己有,又统统奉还给南唐。

白甲军的力量,正是来自民间的真正力量,也该让世人对此多一分了解与认识!

六、李将军与张将军

后周在前方的将领中,侍卫亲军马步军都虞候李重进与殿前都指挥使张永德不睦。最初,二人不过由于心中有些疙瘩进而发生龃龉,张永德靠着与皇帝有些姻亲的关系,先递张"小报告",说李重进有二心,恐怕会阵前叛变。

柴荣尚有知人之明,不大相信这一套,因为他坚信,李重进绝不是"小报告"中所写的人物。

但是,浅见的人却不抱这般乐观的看法,因为二将各拥有重兵,要是一旦哪一个"被告"陷入"族诛"的隐患之中,那可不得了啊!"小报告"由大梁传回,传进李重进的耳朵。

李重进认为，对付这种事，不必经过什么辟谣、否认、警告等手续，最好是面谈，则无论多大的阴霾，都可立即烟消云散。一日，李将军屏退了侍从副官和侍卫队，独自一骑驰入张永德的行辕，两人欢洽无间、从容宴饮，酒酣之际，李重进把此行的目的和盘托出，口调很温和地说："我与将军有幸成为皇上的臂膀，既已同为将帅，我实在无法明了，为什么张将军要把我怀疑得那么深？"

坦白、诚挚、恳切的言辞，洋溢在诚实人的脸上。张永德感动了，他一再道歉！于是，两人和好如初，感情比以前更增进了。至此，周朝将士心中的石头才落下地来。

不料，张、李失和的消息立由"耳报神"传到李璟的耳朵里，李璟认为机会难得，他决定马上抓住并利用。李璟皇帝的御函随即以"限时专送"递到李重进的手中，函中尽是毁谤及挑拨离间的言语。

李重进为进一步表示诚实起见，把书函原原本本递上去，给周世宗过目。

周世宗不看犹可，一看就有两位负责向周求和的使节及一百余名随从倒了大霉。

七、铁骨铮铮的使节：孙晟

南唐第三批向周求和的使节代表是孙晟、钟谟。孙、钟二人于柴荣自濠州回大梁时一起被押回。柴荣敬佩二人的口才和学识，对他们招待得非常周到，朝会过后时常召见，一面聊聊天，一面谈谈南唐的琐事。

孙晟不管柴荣怎么说，总是以这两句来搪塞："李璟畏惧陛下的神武，决心奉侍于你是绝无问题的！"

李璟挑拨李重进的御函现在落在柴荣的手里了，柴荣随即命人把孙晟叫到面前："好小子！你不是口口声声说李璟决心奉侍是绝无疑问的吗？这封'御函'，你自己看吧！原来你们是一对老搭档！"

"请陛下原谅，赐给我'死'就是！"孙晟了无惧色，侃侃而谈。

"南唐的军事实力究竟如何？譬如说正规军、后备军、武器、粮食、财政等，以及究竟还有多少人真正拥护这个'李氏集团'？"周世宗滔滔不绝地抛出一连串问题。

"……"孙晟抱定主意，他只愿"交白卷"。

这样不合作兼不友好的态度，对有绝对权力的人来说，无疑是一种"高度的轻蔑"。

胆敢蔑视"生杀予夺"大权的孙晟，被解送到"右军巡院"（相当于军事法庭的拘留所），柴荣命"拘留所所长"曹翰置酒招待，酒过数巡后，曹翰把皇帝交给他的任务（即要他调查南唐的军事、财政、经济及生产力的情况），又做了一番旁敲侧击的探问。

抱定了主意的孙晟，依然是只愿"交白卷"。

"代课老师"曹翰既然无法让这个"顽皮透顶"的小学生

交出应交的"算术题"来,再加上他的耐性可没有"班主任"那么好,于是火了,他正式把底牌摊开:"皇上有敕:赐死!"

这原是孙晟希望的事,因为死迟早要来。旁人也许要猛吃一惊、颓然倒地、三魂飞散、七魄风飘,但孙晟始终不当一回事,他神色愀然,淡淡地喏嚅着:"欢迎它来吧!"说罢,他摸出靴中的朝笏,整理衣冠,然后从从容容地转过身来,望着南方,再拜道:"臣谨以死报国!"

这是一个浑身铮铮铁骨的使节,在无比强大的威压下,他始终不屈,保留着人间正气。虽然他倒下了,但人们至今还觉得他仍然站着、活着。

跟随着这位使节的百余名侍从,也一起倒了下去,唯有钟谟例外,他反被擢为司马,后拜卫尉少卿。

当周世宗听到孙晟临难表演一幕"大义凛然,临难不苟活"的报告后,嗟叹终日,他一面深悔自己的鲁莽,不该倡人"死义",一面叹息着一个好臣子的忠骨嶙嶙,死有余香。

孙晟的不屈代表着南唐读书人的风骨,另外还有一位将军刘仁赡,则代表着南唐尚有才华出众、战守兼备的战略家。

八、捍卫寿州的刘仁赡

当周、唐和平共处之时,两国的国界以现在的淮河为界。每年一进入冬季,淮河进入了枯水期,淮水就会变浅。南唐为防备北方的强敌入侵,按常例总要派兵戍守,名叫"把浅"。

寿州监军吴廷绍是一个目光短浅的角色，他以为疆埸无事，"把浅"不过是徒然消耗国家的物资和人力罢了！吴廷绍这个"近视眼"碰上"高度近视"的李璟，居然真的批准不必"把"。

但清淮军节度使刘仁赡高瞻远瞩，认为这何异把自己的大门先撬开。于是他上表力争，非"把"不可，皇帝全然不理。从这一点可证实，刘仁赡已不是普通人物。

当征唐大将李谷进攻寿州不利，退保正阳时，南唐的大将刘彦贞挥军直追，刘仁赡竭力劝阻："朝廷大军尚未到达，敌人闻风即行逃逸，分明是畏惧你的声威。我们要力持慎重，不必速战，万一因躁进而失败，不是整个大事都完蛋吗？"

刘彦贞的头脑已被"敌人逃了"的胜利风冲得浑浑噩噩，怎么肯听这一套，结果刘彦贞被李重进枭首于正阳关外，南唐从此一蹶不振。

周、唐鏖兵连战，已达三个年头（公元955—957年）。周的钳形攻势丝毫未有松懈，东路军韩令坤已克复扬州、泰兴，西路军赵匡胤已握有滁州、六合，从军事地图上看，除了长江天堑，金陵已被两面包围。但是，淮河流域的重镇寿州依然在唐军的手里，坐镇此地的正是稳若泰山的刘仁赡。

寿州在刘仁赡的坚守下，成为南唐最前伸的一座碉堡。寿州被围困三年，城中的粮食一天比一天少。城外的援军在筑一条长达数十里的甬道，想把粮食送进来，但在将要逼近城池时，就被李重进拦腰截击，死伤达五千余人。

刘仁赡看到情况吃紧，决定自己披挂出阵，做最后的决战,但他的上峰齐王李景达偏不允许,刘仁赡在愤恨之余病倒了。

刘仁赡病倒在床,其幼子刘崇谏以为老头子有病,大可趁此良机好好玩乐一下,竟黉夜泛舟偷渡淮北,想去花街柳巷参观参观,不巧被巡逻兵逮住。卧病在床的刘将军得悉这个消息后,气得浑身颤抖,立命"推出腰斩"!

左右谁也不敢吭气,监军使周廷构冲到病榻前来求情:

"原谅他一次吧,刘将军,刘少爷年纪太轻了!年轻人总是难免爱好玩乐的,我担保,只此一次,下不为例,以后他绝对不敢再去了。"

"不行!一千一万个不行!偷偷去寻花问柳一定得军法从事,在戒严时期,尤其在围城中,城外就是敌人,军民都决心保卫此城,他倒有心玩乐,更应该杀!"

周廷构碰了一鼻子灰,但他仍本着好生之德,替刘家小少爷尽最大的努力,以期能够救下一命。这趟他改走内线,向刘太太说情。没想到深明大义的刘太太这样说:

"崇谏是我的小心肝儿,我疼爱他,十二分地疼爱他,但谁叫他犯了戒严时期的军法呀!军法不可私,名节不可亏,要是我为了一己之私而请求军法宽宥,则刘氏为'不忠之门',以后,我与你刘将军还有啥面目去和将士相见呢?还是快点'公事公办'吧!"

刘家小少爷崇谏以身试法,他以为军法握在老头子的手里,可以随随便便,没有啥了不起。他倒是没想到,自己的父母全是讲法不讲情的。结果他身首异处，成了试法者的示范标本。

所有的将士们，听到这段不平常的新闻后，无不感泣。寿州就在全体将士的感泣声中警惕奋踔而保卫下来。

九、双方的哀荣

南唐与周鏖战，除了坚守寿州，它的水军也是很大的"胜算本钱"，后周世宗老是在想尽办法来弥补这项先天性地理条件实有的缺憾。当他自寿州城外回大梁时，曾俘虏大批南唐的水军，这下他要好好地将其利用起来。

他命令将士在大梁城西的汴水旁边，建造数百艘艨艟，完成后，他立即令唐人教北人演习水战。几个月的演习、操练下来，成绩可观，纵横出没，差不多可胜过唐军。于是，他命右骁卫大将军王环为司令，率领着崭新的水军，由闵河沿颍水入淮河，他要与唐所擅长的水战一较短长！唐人一见之下，为之气夺神丧。

柴荣差范质、王溥去慰问在家养病的宰相李谷，并请教该当以何策平定江北，李谷提议再度御驾亲征以振奋军心，收拾那个唾手可得的危城。

世宗认为说得有理，于是自己亲上前线，名为慰劳，实为督战并摧坚。

皇帝出发后，前方已报告唐将朱元举寨来降。事情的经过是这样的。南唐节度使陈觉跟北面招讨使朱元心中互有疙瘩,陈觉屡上表,奏朱元反复,千万不可带兵,否则就会完蛋。李璟未详加调查,即派武昌节度使杨守忠来代,守忠到达濠州。陈觉以齐王李景达的命令召朱元前来开会,朱元晓得,这是要解除他的兵权,愤怒得想吞下"安眠药"了事。在一边的门客替他出谋划策:

"大丈夫何处不富贵?何必为妻子而死呢?"

既无法自明又走投无路的朱元,在这种暗示兼明点的驱策下,举寨投入周世宗的怀抱,一共有万余人。

朱元降,周的水军又大胜,李景达、陈觉联袂从濠州奔回金陵去。因金陵素来龙盘虎踞,且有长江天堑,一向较为安全。

现在的周世宗,有资格对着围城的主将刘仁赡下诏,让他自行选择是祸是福。

刘仁赡已病得不省人事,监军使周廷构等人以刘仁赡名义奉"表"向周世宗投降。

周世宗盛列甲兵于寿州城北,周廷构等抬着仁赡出城,仁赡卧倒,不能坐起,皇帝慰劳赐赏,复令入城养病。

皇帝入城后,赦免州境犯死罪的罪犯,民众受唐文书而结聚于山林的,诏令复业;以往政令有不便于州民的,令本州条奏,以便取舍除冤。

另外,柴荣发表刘仁赡为天平军节度使兼中书令,制辞略曰:"……尽忠所事,抗节无亏,前代名臣,几人堪比?予之南伐，得尔为多……"

在发表制诏的当天，刘仁赡逝世了，于是柴荣追赐他为彭城郡王。

李璟听到这个消息后，也做起顺水人情来，追赠他为太师。

刘仁赡真正得到了死后的"哀荣"，而且是双方的。

十、要回燕云十六州的第一人

攻下寿州后，后周世宗的军事战略是顺着淮水而东下。此刻他稳操胜券，陆路有劲旅雄师，水上有艨艟。

第二个重蹈寿州命运的是濠州。濠州城外的淮河置着巨大的木头，用意在阻止北军东进。后来周的水军拔掉木头，并焚烧唐的战船七十余艘，城中震恐。团练使郭廷谓上表说："我的家属都在江南，假如现在突然投降，恐怕会被南唐所族诛，让我派人去金陵禀命后，再行出降。"

皇帝认为，这于情理上说得过去，于是答应下来。

当此之时，唐有数百艘战船在泗水东面，将欲救濠州，世宗命水陆夹击，大破之，因续鼓行而东。

南唐的泗州城守将投降了，柴荣亲自来到泗州城，严令军中的采樵伙夫等人不得侵犯民田，民众皆感悦。周又侦知唐的水军退保清口，命赵匡胤追击，时淮滨久无行人，葭苇如织，多泥淖沟堑，士兵乘胜皆跋涉争进，都忘其劳。唐兵将被追多时，且战且退，金鼓之声相闻数十里，周军最终追至楚州，大破南唐兵。这一役所获的战船，除去烧沉的之外，尚有三百余艘，南唐在淮河的水军至此被一扫而光。

濠州团练使郭廷谓的使者从金陵回来，郭遂明了南唐已无力来救，命录事参军李延邹草降表。延邹责以忠义爱国的大道理，郭廷谓摆出上司的派头，让士兵威胁他写，延邹掷笔于地："大丈夫绝不做对不起自己国家的事，替叛臣作降表。"廷谓斩了他后，举濠州降。

郭廷谓被皇帝召见于行宫，世宗盛赞他的才干：

"我自南征以来，江南诸将相继败亡，而你能独断涡口、浮梁，破定远寨，也足以报答南唐。濠州是一个小小的县城，倘使叫李璟自己来防守，我就不相信他有守得住的能耐。"柴荣说的话很是客观。

接着后周以破竹之势攻下楚州、海州，然后皇帝引其战舰自淮水入长江。此时运河的北神堰淤塞，柴荣征发楚州的民夫疏浚后通行无阻，数百艘巨舰，皆到达长江。唐人大惊以为其有神明的助力，周世宗且到泰州坐镇。

李璟听说柴荣已在长江上坐镇，怕他挥军渡河南征，怎么办呢？如果降号称藩，他又感到很难为情。于是他派兵部侍郎陈觉，奉表请传位于太子弘冀，使其听命于周。

陈觉看到周兵很盛，即奏请皇帝遣人渡江，上表献四州的土地，从此划江为界，以求息兵，辞旨很哀切。

"我的原意是只取江北而已，现在李璟能举国内附（指降号称藩），我还有啥要求呢？"皇帝说出自己的意图并安抚之。

之后，南唐国主请献江北四州，岁输贡物数十万，于是江北属于后周了。周世宗仅花费了十七个月的时间，得到十四个州六十个县，战果堪称丰硕。盖淮河流域是鱼米之乡，周有了这些米粮物资作为军需补给后，还控制着江北的盐场。于是，他有足够的能力平定西蜀，北伐北汉，要叫不可一世的北方大患契丹，乖乖地交还石晋时代送出的燕云十六州。

在五代史中，周世宗柴荣是一个干劲冲天、踔厉奋发、有为有守的青年君主。可惜天不假年，在他统一中原、剪灭契丹的北伐途中，饮恨以殁。以后，就由他所激赏的人物——掌管国防禁军的殿前都点检赵匡胤来发挥他的才能，通过军变、篡位以建立他的"大宋帝国"。

十一、小朝廷的琐事

此外，尚有几件琐屑的小事，足以看出南唐注定要做"小朝廷"。

填了"风乍起，吹皱一池春水"的冯延巳，时任南唐宰相，就是这位被李璟问"管你什么事"的宰相，以为自负大才，说唐主以"取中原之策"，由是有宠。这种宠，可能是由于词的同调唱和。

冯延巳常笑烈祖戢兵为龌龊，曰："安陆所丧才数千兵，为之辍食咨嗟者十来日，这全是乡巴佬的胆识，怎么能够成大事呢？哪能够跟现今的皇帝（指李璟）相比，暴师数万于外，而击球宴乐一如平日,论气魄、作风、才情,现今的皇帝才是英主呢!"

"冯延巳的话多属浮夸虚诞,皇上最好不要理他那一套!"翰林学士常梦锡要求李璟把"老冯"当作"词客"看就行,因为他不是宰相之才。

李璟偏爱听冯延巳的调调儿。

"奸佞说话表面听起来是尽忠爱国,其实是以浮面的忠义来掩藏谗佞的毒计,陛下要特别当心,不然,吃亏的绝不是别人。"常梦锡有意要戳穿奸佞的外衣。

李璟怎么会听信一个不大同调的人的话呢?

现在,常梦锡的话不幸言中了。李璟去帝号,改称国主,所有天子的仪制全部降格改换,甚至连他自己本人的大名"璟",也为避周世宗的祖先之讳而去掉"斜王旁",只剩应景的"景"。

其时,冯延巳官拜左仆射同平章事,是正式的宰相。冯宰相认为南唐的"削号称藩"好像与他全不相干,半点责任也不必负,仍然谈笑自如,雍容自得。

一回,冯党的一批人物跟常梦锡聊天:"看来周不失为一大国。"

"冯宰相和你们不是老在那儿穷吹,要致君尧舜吗?怎么会弄到成为'小朝廷'呢?"

冯党的这批货色,嘴巴像长了疥疮一般,死也不吭气。冯延巳是一个"有才无行"的浪人,是当时的"五鬼之一"。孙晟曾当面骂他:"仆山东书生,鸿笔藻丽,十生不及君,诙谐歌酒，百生不及君；谄佞险诈，累劫不及君。"

最初，南唐的太傅兼中书令楚国公宋齐丘多树朋党，目的在专擅朝政，一些躁进的人物都趋炎附势，把他推为"国家元老"。枢密使陈觉、副使李徵古倚仗宋齐丘之势，也骄横傲慢起来，成为一丘之貉。

濠州被柴荣吃掉后，这些角色都从濠州溜了回来。举国忧惧，不知如何是好！

李璟叹道："我国家一朝至此！"因泣下数行。

李徵古调侃着道："陛下当治兵以御敌，涕泣有什么用？难道是酒饮得太多，抑或是'乳母未来仍想吃乳'吗？"李璟听后马上变色，但李徵古却若无其事。恰巧，"天文台长"报告："天文有变，人主宜避位禳灾！"这是封建时代的老一套，人人奉若玉旨纶音。

"国难未纾，我打算释去万机，栖心冲寂，不晓得哪一个可以托之以国？"李璟居然想躲避现实，出家去。

"宋楚国公齐丘是最标准的'造国手'，陛下如果真有意'禅让'的话，最好把国家交托给他。"李徵古有意来一场"温和的政变"。

陈觉敲着边鼓："陛下可深居宫禁，将国事统统委托给宋公，先行后奏，我们不时入传，陛下以后可专门来研究老庄和佛教的问题。"

把玩笑继续开下去的李璟，即命中书舍人陈乔来草禅位诏，陈乔惶恐地道："千万别开玩笑！一旦签署此诏，陛下还想再做'自由人'吗？"

"怎么样？你也晓得这诏书签署不得？"李璟反问。

这次"温和的政变"就此告一段落，因"宋齐丘集团"不愿实行武力夺取，李璟也乐得让它变成陈迹。

与孙晟共同出使的另一使节钟谟，此刻已官拜后周卫尉少卿，自周奉命归来，他感到李德明死得太冤枉！他是宋齐丘妒死的。于是，他抓住机会对李璟说：

"宋齐丘乘国家危难之际，打算篡位窃国，而陈觉、李徵古这类狗党，居然大肆活跃，无论从哪个方面来说，他们的行为都是不能被容许的。"

还有一件事，也是不可饶恕的。陈觉被派"降号称藩"于周，自大梁回金陵时，竟假传周世宗的命令："江南连年违抗我的命令，听说全出自宰相严续的计划，把他宰了吧！"

李璟觉得事有蹊跷，严续与陈觉素来心中各有疙瘩。现在陈觉跑了一趟大梁，就有如此的"怪命令"，遂置之不理。

不理虽是不理，但李璟的心中却老是放不下这桩事，钟谟说："让我到那边时问问皇帝，到底有没有这件事？"

这回，李璟在外交的辞令上说得非常婉转含蓄：

"久拒王师（指周师），皆臣（李璟自己）愚迷，非续（严续）之罪。"

周世宗看后大吃一惊："果真如此的话，则严续乃是南唐的忠臣，我为'天子'，怎么能叫人乱杀忠臣呢？"

周世宗的话戳穿了陈觉自己搞的害人把戏。

钟谟拆穿陈觉的"西洋镜"后，立即回来向李璟报告，李璟气得两手直抖，很想马上把宋齐丘等一伙人统统"报销"了事，但又怕如果这样鲁莽行事，会招致周世宗的不满，因为此刻南唐毕竟是后周的藩属国呀！藩属国主的"行事"，不向上报告，等候批准，那怎么行？于是，钟谟又仆仆于去大梁的道上。

这回，周世宗表现出皇帝的风范："随李璟的意思行事吧。"

至是，李璟才以自由行动的命令来处置三奸。

李璟命枢密院殷崇义草诏，公布宋齐丘、陈觉、李徵古的罪状，然后迅速展开一连串的行动。

让宋齐丘到九华山去隐居，官爵照旧。

陈觉于申斥后授国子博士，安置于宣州。

李徵古被削夺官爵，赐自尽。

李璟对前两者处罚较温和，因他俩并未跟李璟发生直接、正面的冲突，而后者可不同！

李璟素来宽宏大量，对三奸的其余党羽一律不问。

这件大事轰动南唐，仍少不了向大梁报告一番，这是藩属国应有的手续。

南唐遣李从善（李璟儿子）和钟谟向大梁进贡。

柴荣轻描淡写地问："江南方面也治理兵甲、整修守备吗？"

"既已附属了大国，再也不敢这么做了！"钟谟据实以告。

"不对，你的意思有些不正确。在过去，咱们是仇敌；现在，咱们是一家人了。何况眼下咱们的名分已经确定，当然可保无虞。但是人生难期,至于后世,谁又会晓得该怎么样呢!你回去时,千万要对李璟说:'当我健在的时候,应当修茸城郭,整顿部队,派兵分守各地的要害,一切都要为子孙着想。'晓得吗?"

钟谟回来后,也原原本本地照实说。

李璟才放心着手去做。南唐的国运就这样延续下去,直到公元975年宋大将曹彬的大军进入金陵为止。

附录

一

（后）唐与（后）周世宗划江为界，以木鹅浮江中，随其所至，以定南北，而木鹅乃循洲入小硖而下，故此洲不隶江南。

二

（后）周世宗征濠，夜遣兵持炬乘骆驼绝淮（水）。濠兵惊，以为"鬼乘龙"也，遂名"乘龙洲"。

三

李璟时，朝中大臣多蔬食，月为"十斋"，至明日，大官具晚膳，始复常珍，谓之"半堂食"。

其后，周师（周世宗）至淮上，取濠、泗、扬、楚、泰五州,而璟又割献滁、和、庐、舒、蕲、黄六州,果去唐国土疆之半,则"半堂食"之应也。

四

后唐中主李璟,美容止,器宇高迈,性宽仁,有文学。甫十岁,吟新竹诗云:"栖凤枝梢犹软弱,化龙形状已依稀。"人皆奇之。

他遗留下来的词不多,只有四首,除掉那首脍炙人口的"细雨梦回鸡塞远,小楼吹彻玉笙寒。多少泪珠何限恨,倚栏干",被舒梦兰收入《白香词谱》外,还有《摊破浣溪沙·手卷真珠上玉钩》:

> 手卷真珠上玉钩,
> 依前春恨锁重楼。
> 风里落花谁是主?
> 思悠悠。
> 青鸟不传云外信,
> 丁香空结雨中愁。
> 回首绿波三楚暮,
> 接天流。

这首词笔法清新,流露真情,大有众芳芜秽、美人迟暮之慨。

第十三章
河北天子刘守光

一、父子鏖兵，兄弟连战

公元907年，河北的幽州城发生了一件逆子囚父的大案，而且闹得满城风雨，天翻地覆。最初，卢龙节度使刘仁恭骄奢贪暴，总担忧幽州城池不够坚固，特筑宫殿于大安山，理由是此山四面悬绝，可以以少制众。宫殿画栋雕甍，壮丽几比拟于皇宫。既有了富丽的宫殿，少不了要挑选一批美女前来充场面，也可恣意行乐。权势既有了，剩下的是求长生不老，于是方士来了，刘仁恭天天同方士炼丹药，一求长生，二求滋阴补阳，政务完全荒废。至于贪暴呢？此公命令聚敛境内钱财，尽数埋于山顶之上，用意何在，无从探究。他又禁止江南的茶商贩运茶叶入境，自采山中的杂草，名之为"茶"，以独占的方式实行专卖。

刘仁恭有一位爱妾罗氏，与其次子刘守光有了暧昧关系。刘仁恭得知后，把儿子好好地揍了一顿后，声明与其脱离父子关系，将其驱逐在外。当是时，梁朝悍将亳州刺史李思安引兵入境，所过州县，焚荡无存，直驱幽州城下。而刘仁恭尚在大安山炼丹补阳，城中惶惶，全无防备，危亡就在旦夕。被驱逐在外的刘守光径自带兵入城，登陴防守，又出兵和李思安战斗。李败退，守光沾沾自喜，自行称起节度使来。大事既安定，他遂理起之前的父子关系，派部将李小喜带兵攻大安山，刘仁恭虽拒战，但终为李小喜所败。仁恭被俘，被守光囚于别室，父子由鏖兵而致胜负荣辱，一切全按照"战争的公式"进行。接着，刘守光以胜主自居，砍杀了一大批刘仁恭的左右——守光痛恨的那些家伙。

诸事妥当后，刘守光厚着面皮向朱温要求承认他为卢龙节度使。在那个寡廉鲜耻的动乱时代，面对现实朱温绝无不承认之理，事实也的确如此。

当这个不幸的消息传到刘仁恭的长子义昌节度使刘守文的耳朵里后，他于众将面前涕泗滂沱道："想不到我家出了一只'枭獍'，我生不如死，誓与诸君共将此禽兽消灭。"于是，刘守文发兵攻击守光，兄弟俩血战一场，彼此互有胜负。在公元908年一整年中，两兄弟好好地打了三场硬仗，守光先败后胜，那是暗中向朱温求救并得到援兵的缘故。

刘守文也学会了其弟的一套，翌年向外乞兵，借的竟是契丹与吐谷浑的外兵。随后，在三方势力的合力围攻下，鸡苏一战，守光大败。眼看刘守光马上被俘，没想到柔弱的守文竟立于阵前，泣阻其部下："勿杀我弟。"就在此时，刘守光的悍将元行钦跃马而前，反而擒了刘守文。刘守光驱散其部众后，囚禁其兄于别室，以囚俘的条件对待之。

鸡苏之役既反败为胜，刘守光乘胜破沧州，告捷于朱温，朱温封他为燕王。公元910年，他潜杀其兄刘守文，随即归罪于刽子手而将其诛杀，真是有一套。刘守光认为，他能克服沧州纯得力于天助。从此，他完全开始了暴君式的淫虐之路。当有将士违背了他的意愿时，他一定要把犯法者放置在铁笼内，用火来烤，以听其凄惨的哀号为乐，不然就用独自发明的特制铁刷来刨人面，直到鲜血淋漓、面目全非，他才过瘾。

骤然得意的人，一时不知天高地厚了。一回，他穿了赭黄袍，对着将吏说："现今天下大乱，英雄都在角逐，我兵强地险，也想做做皇帝，怎么样？"

接着，他使人暗示六镇共同拥推他为尚书令兼尚父。事态的发展一如意料，他着人要朱温发表他为"河北都统"，朱温即差使者来册封，唐朝册太尉礼一应俱全。刘守光看后，立即问："为什么没有'郊天、改元'的玩意儿？"

使者答道："尚父虽贵，毕竟是人臣，怎么可随便'郊天、改元'？"

刘守光大怒："我有两千里土地，三十万部队，就做'河北天子'，试问哪个能够禁止我？尚父有啥稀罕？"他一面叫人搬出即位用的工具来展览，一面把使者扔进监狱里。

公元911年，急于做皇帝的人终于正式彩排了，刘守光把刀斧手全排列在殿前，然后虎虎地道："哪个敢反对我做皇帝，斩！"

浑身尽是硬骨头的孙鹤，忍不住道："沧州城破之日，我原应得死罪，蒙你不杀的大恩，才能活到今天。我怎敢惜生而忘却大恩呢？我以为，做皇帝时机未到，不可做。"刘守光大怒，令刀斧手上来，剐下其肉生食，孙鹤还是硬骨头，临难仍道："百日之内，必有急兵来跟你算账！"

刘守光命人用泥土塞住他的嘴巴，然后将其寸斩。

现在无人敢反对了，皇帝自然是做上了，这就是大燕皇帝。刘守光的残暴，尤不止杀孙鹤而已，在其境内的士卒全被"文面"，刺字以为记号，即使是士人也在所不免，这一套是他从刘仁恭处承袭而来的。当年刘仁恭救沧州时，屡战屡败，乃下令"境内男子十五岁以上、七十岁以下皆自备兵器粮食，到营部报到，要是军行之后，查出仍有一人在闾里的，刑无赦"！

什么刑呢？普通刑罚是文面，刺成"定霸都"；士人则刺其腕或胳膊，是"一心事主"。于是境内士民，除稚孺之外，沧州百姓身上臂上无不刺字。当其士兵被俘虏后，人们会感到很惊讶。

李克用手下骁将周德威来攻，攻下祁沟关，围涿州，直逼幽州南府。大燕皇帝遂遣使致书德威请和，辞语谦卑而哀切。德威看后，对使者道："大燕皇帝尚未郊天，怎么会如此谦逊地雌伏呢！我是受命来专讨有罪的，想缔结盟好？对不起，超出我的战务范围了。"周德威认为连回书答复都无必要。

二、浑身无半根骨头的"太保"

这年十月,刘守光率五千众夜出,逃往檀州,周德威在涿州邀击,把他打得落花流水。守光剩下百余人逃回幽州,将士多相继投降。一座孤城让皇帝自己来守,这怎么能行呢?于是他向契丹求救,契丹以其素无信用,相应不理。接着他向李存勖投降,存勖则以为其诈降,始终不允许。于是,刘守光自行登城,对周德威道:"一等到晋王驾临,我当开门投降,决心听命。"于是晋王李存勖终于来了,问道:"喂!姓刘的小子,大丈夫做事,成败须决定目标,你究竟打算怎么样?战,还是降?"

"我已成为俎上肉了,还打算怎样?一切听候你的裁决!"大燕皇帝倒是很能够面对现实,说些真话。

李存勖觉得,这么个货色倒也蛮可怜的。于是他拔起了弓矢,一折为二,起誓道:"明天出来相见,担保绝无意外。"

大燕皇帝认为,他还有一些私人的事要处理,明日实在不可能,请求宽缓几天。不料就在当天夜里,对他言听计从的唯一爱将李小喜将军,越过城墙提早向晋军投降,并说明城中力竭、无能为守,请求快点进攻。于是,李存勖挥军猛攻,城破了,刘仁恭和他的妻妾倒是统统在的,而大燕皇帝刘守光则逃之夭夭。

刘守光原想逃到沧州去避难,不料因为天寒地冻,脚都跑得起泡了。然而,最糟糕的是迷路。他藏匿于山谷,几天都弄不到伙食，不得已叫自己的老婆（皇后祝氏）向乡下人求乞。乡下人看出她的服装异乎寻常，才晓得原来正是大燕皇帝一伙人马，遂将他们一同捉去献功求赏。

李存勖正在宴客时，看到刘守光被五花大绑地绑到，倒也蛮客气地加以招待："贵主人为啥这般客气，躲了好几天，老不见客？"李存勖俏皮的话语弄得他无地自容。

李存勖当即予以饮食、衣服等，然后把他这一伙人跟刘仁恭同囚于一室。

刘仁恭看到这么个宝贝儿子，如此狼狈来到自己面前，用口涎唾其面："忤逆贼！把我们弄得家破人亡！"大燕皇帝只有默不作声，俯首而已。

公元914年，李存勖以大铁链拴住刘仁恭父子，在一片凯歌声中回到晋阳。按旧例，李存勖需要先献捷于太庙，然后亲自监斩刘守光。守光想了想，不能这么白死，要死也得有人先行开路，最理想的人物是李小喜将军。于是他开腔道："我刘守光死了，一点也不怨恨，但是叫我死守而不要投降的是李小喜。"

李存勖叫人把李小喜拖来对质，李小喜一到，瞪目叱责皇帝："喂！姓刘的小子！难道你做了禽兽的乱伦行为，也是我教你的吗？"

李存勖不喜欢这一套，命人先把李小喜送到鬼门关去。

刘守光满意了，立刻求饶："我是善于骑射的，晋王如想要成就霸业，为什么不留下我以为报效呢？"

他的两位妻子皇后祝氏及李氏，连忙讥诮他："皇帝的事业已发展到这种地步，求生又有啥好处呢？我们还是先死为荣吧！"两人均从容地引颈就戮。

相反，刘守光怕痛，刀已搁在脖子上，他还是哀求号泣，连起码的一点男子气概都不具备。至于刘仁恭，则被解送至代州，先刺其心，以祭先王李克用（按：刘仁恭与李克用是死对头），然后才处斩。

在八年之中（公元907—914年），北方李氏集团的急剧变化可谓触目惊心。刘氏父子自作孽，刘守光虽然自行册封自己，做了四年皇帝，但史家都不予承认。故在五代十国中，他连据地开国的资格都没有。但事实上，刘氏父子的确风光过一个时期，为使史事存真起见，姑且追记如上。